AF450634

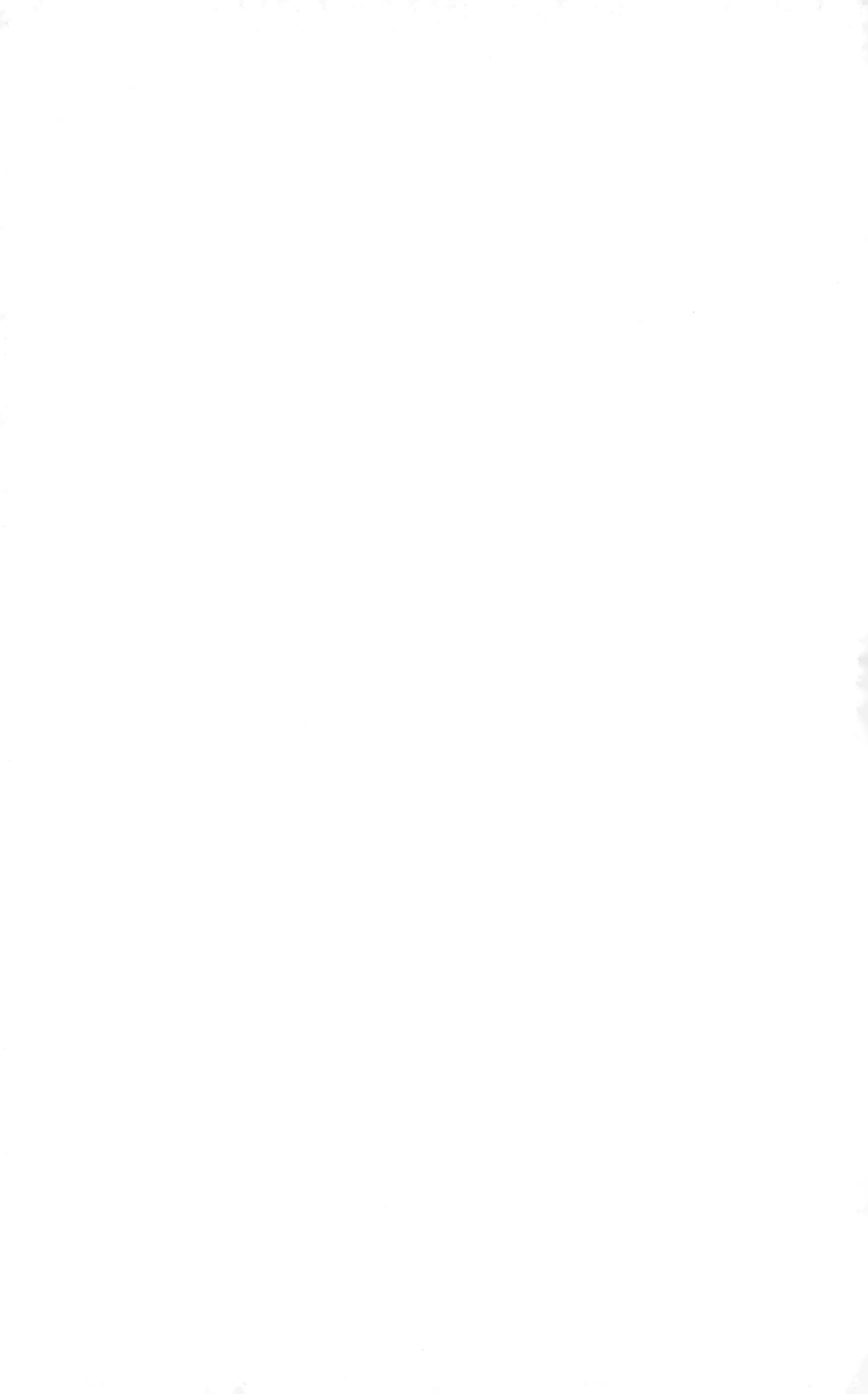

SOCIÉTÉ PHILOMATHIQUE DE BORDEAUX

(Fondée en 1808.)

EXPOSITION GÉNÉRALE

DES PRODUITS

DE L'AGRICULTURE, DE L'INDUSTRIE ET DES ARTS INDUSTRIELS

10ᵉ EXPOSITION

Ouverte à Bordeaux, le 20 juillet 1859

DANS LES BATIMENTS ÉLEVÉS SUR L'ESPLANADE DES QUINCONCES.

LIVRET INDICATIF

PRIX : **50** CENTIMES.

BORDEAUX

CHEZ G. GOUNOUILHOU, IMPRIMEUR DE LA SOCIÉTÉ

place Puy-Paulin, 1

1859

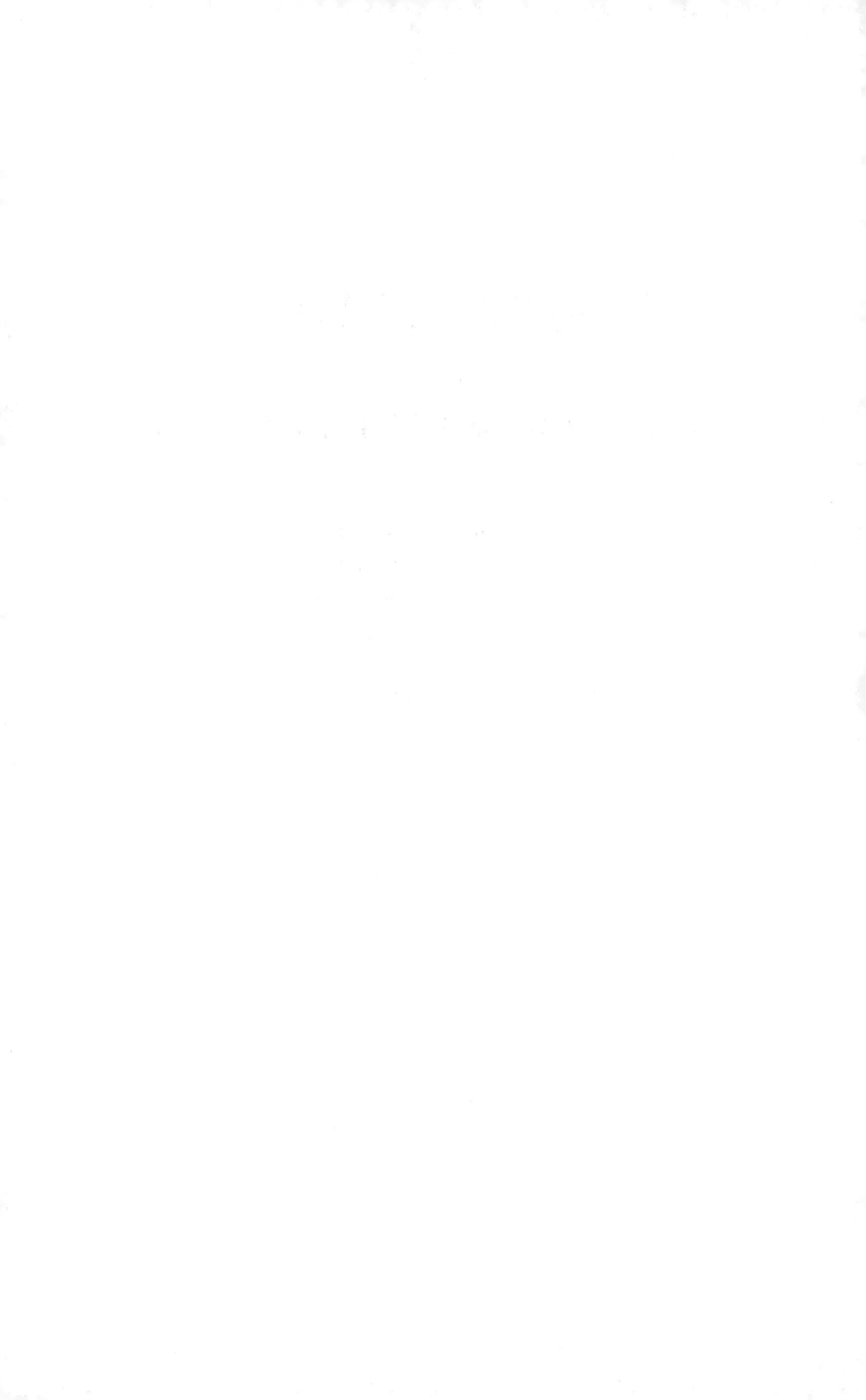

NOTICE

L'Exposition Générale des produits de l'Agriculture, de l'Industrie et des Arts industriels, ouverte à Bordeaux le 20 juillet 1859, est la dixième des exhibitions publiques entreprises par la Société Philomathique depuis 1826. — Décidée en Assemblée générale de la Société le 28 janvier 1859, cette Exposition, placée sous le patronage direct de l'État, du Conseil général de la Gironde, du Conseil municipal et de la Chambre de Commerce de Bordeaux, fut annoncée dès le 14 février suivant, et le soin de son organisation remis, le 15 avril 1859, à une commission composée de :

MM. Alex. Léon, président de la Société Philomathique, adjoint au maire de Bordeaux, membre du Conseil général de la Gironde.

Soulié-Gottineau, avocat, secrétaire général, ancien président de la Société Philomathique.

(Aux termes des statuts, le Président et le Secrétaire général font de droit partie de toute Commission.)

Baudrimont, professeur à la Faculté des Sciences, ancien Président de la Société.

Eug. Beyssac, membre de la Chambre de Commerce.

Borchard, médecin à l'hopital Saint-André, ancien directeur des classes d'adultes.

Beaufils, fabricant, membre du Conseil municipal.

Albert Brandenburg, secrétaire adjoint de la Société.

Ch. Burguet, architecte de la ville.

Alban Chaumel, membre de la Chambre de Commerce.

Ch. Cousin, fabricant-mécanicien.

Ch. Couve, secrétaire adjoint de la Société.

Théod. Dubreuilh, membre du Conseil municipal.

Duffour-Dubergier, président de la Chambre de Commerce, ancien président de la Société.

Fauré, chimiste, adjoint au maire de Bordeaux.

Gout Desmartres, membre du Conseil municipal et du Conseil général de la Gironde.

Guiraut, fabricant.

Israël père, négociant,

Jacquot, ingénieur en chef des mines.

Jannesse aîné, négociant.

O. de Lacolonge, capitaine d'artillerie.

Latreille, fabricant.

Legrix de Lassalle, membre du Conseil Général,

Lescarret avocat, vice-président de la Société.

C. Lopès-Dubec, ancien député.

Manès, ingénieur en chef des mines.

Vicomte Ch. de Pelleport, président de la Société des steeple-chases.

Souriaux, ancien secrétaire général de la Société.

Surell, ingénieur en chef des ponts-et-chaussées, directeur des chemins de fer du Midi.

Wetzel fils, négociant.

Cette Commission préparatoire, divisée en sous-commissions, s'est occupée des mesures de publicité, de l'installation des locaux affectés à l'Exposition et de celle des produits: elle a adopté pour ces derniers la classification suivante :

CLASSIFICATION.

I. *Métallurgie.* (Section unique.)

II. *Meunerie.* (Section unique.)

III. *Agriculture.*

1re Section. Législation agricole.
2e   —   Matériel agricole. — Outils ara-
                toires.
3e   —   Produits agricoles.
4e   —   Engrais. — Destruction d'animaux
                nuisibles.
5e   —   Production de la soie.

IV. *Mécanique appliquée à l'Industrie.* (Section unique.)

V. *Mécanique appliquée aux moyens de transport.*

1re Section. Mécanique appliquée aux chemins
                de fer.
2e   —   Carrosserie et sellerie.

VI. *Mécanique spéciale. — Matériel des ateliers industriels.* (Section unique.)

VII. *Mécanique appliquée au tissage et à la filature.* (Section unique.)

VIII. *Arts de précision.*

1re Section. Instruments de précision — Ma-
                thématiques, physique.
2e   —   Horlogerie.

IX. *Emploi de la chaleur, de la lumière et de l'électricité.*

1re Section. Emploi de la chaleur.
2e   —   Emploi et production de la lumière.
3e   —   Bougies, stéarine.
4e   —   Emploi de l'électricité.

X. *Produits chimiques.*

1re Section. Produits chimiques.
2e — Vernis. — Colle forte.
3e — Papeterie. — Carton.
4e — Cuirs et maroquin.
5e — Caoutchouc.

XI. *Substances alimentaires.*

1re Section. Farine. — Amidon. — Fécules. — Pain.
2e — Boissons. — Vins. — Spiritueux. — Liqueurs.
3e — Conserves alimentaires.
4e — Vinaigre et fruits au vinaigre.
5e — Sucre. — Chocolat. — Moutarde.
6e — Confiserie. — Parfumerie.
7e — Systèmes de bouchage.

XII. *Anatomie. — Pharmacie. — Chirurgie.* (Section unique.)

XIII. *Marine. — Arts militaires.*

1re Section. Marine. — Appareils de sauvetage.
2e — Arquebuserie.
3e — Ustensiles de chasse et de pêche.

XIV. *Constructions civiles.*

1re Section. Détails de bâtiments. — Pierres. — Enduits. — Ciments.
2e — Bois et métaux. — Serrurerie.
3e — Peinture industrielle.
4e — Fontainerie.

XV. *Aciers.* (Section unique.)

XVI. *Ouvrages en métaux.*

1re SECTION. Meubles en fer.
2e — Taillanderie. — Outils.
3e — Quincaillerie. — Ustensiles de ménage.
4e — Miroiterie.

XVII. *Orfévrerie. — Bronzes d'art.*

1re SECTION. Ornements d'église.
2e — Bijouterie.
3e — Sculpture sur métaux.

XVIII. *Arts céramiques.*

1re SECTION. Verrerie.
2e — Vitraux peints.
3e — Poteries.
4e — Porcelaine.

XIX. *Tissus de coton et fil.* (Section unique.)

XX. *Industrie des laines.*

1re Section. Tissus de laine et literie.
2e — Draps.

XXI. *Tissus de soie.* (Section unique.)

XXII. *Lin et chanvre.* (Section unique.)

XXIII. *Tapis.*

1re SECTION. Tapis de laine et tapis de pied divers.
2e — Tissus imprimés.

XXIV. *Ameublement et décoration.*

1re SECTION. Marbrerie et sculpture sur pierre.
2e — Meubles en bois. — Ébénisterie.
3e — Sculpture sur bois. — Ivoires.

XXV. *Vêtements. — Objets de modes et de fantaisie.*

1re Section. Vêtements, habits.
2e   —   Lingerie.
3e   —   Chaussures.
4e   —   Ganterie.
5e   —   Chapellerie.
6e   —   Objets de voyage. — Gaînerie. — Portefeuilles.
7e   —   Dentelles.
8e   —   Passementerie. — Accessoires de confection.
9e   —   Fleurs artificielles.
10e   —   Objets en cheveux.
11e   —   Objets de toilette.
12e   —   Jouets d'enfant.
13e   —   Objets à l'usage des fumeurs.

XXVI. *Dessin industriel. — Imprimerie. — Photographie. — Reliure.*

1re Section. Dessin industriel. — Calligraphie.
2e   —   Imprimerie. — Lithographie.
3e   —   Cartonnages et reliure.
4e   —   Fournitures de bureau.
5e   —   Photographie.

XXVII. *Instruments de musique.*

1re Section. Pianos. — Orgues.
2e   —   Instruments à cordes et à archet.
3e   —   Instruments en cuivre et en bois.

XXVIII. *Philologie.* (Section unique.)

Afin d'accélérer le travail, le numéro donné aux Exposants dans le livret est le même que celui d'inscription de leur déclaration ; mais ce numéro est immédiatement suivi de l'indication, entre parenthèses, de la classe et de la section auxquelles les produits appartiennent. Le chiffre romain marque la classe, et le chiffre arabe la section lorsque la classe en comprend plusieurs.

DISPOSITIONS RÉGLEMENTAIRES.

1° L'exposition de Bordeaux est placée sous le patronage direct de l'Etat, du Conseil général de la Gironde, de la Chambre de commerce et du Conseil municipal de Bordeaux.

2° Les produits industriels devront être accompagnés d'une note détaillée indiquant le nom du fabricant, son domicile, le siége de l'établissement et la date de sa fondation, le prix des objets présentés, et les éléments d'une autre fabrication qui entrent dans leur composition ; si ces objets sont de fabrication courante ou exceptionnelle, l'importance de la production annuelle ; le nombre et le sexe des ouvriers employés soit dans l'établissement, soit au dehors ; le taux des salaires ; les conditions hygiéniques du travail ; enfin, les récompenses déjà obtenues par l'Exposant. A cet effet, des imprimés indiquant les renseignements à fournir seront mis à la disposition des industriels.

3° Les Exposants domiciliés hors de Bordeaux devront faire certifier l'exactitude de leurs renseignements par le maire du lieu de fabrication, et désigner un correspondant à Bordeaux.

4° Les Exposants qui voudront indiquer le prix de leurs produits seront tenus de vendre aux visiteurs aux prix indiqués, sous peine d'être exclus de l'Exposition.

5° Le Jury d'examen sera composé de 40 membres et

sera choisi parmi les représentants les plus distingués des sciences, des arts et de l'industrie, soit à Paris, soit dans les départements.

6° Le Jury aura toujours la faculté d'exclure du concours les objets à l'occasion desquels il découvrirait que sa bonne foi a été trompée.

7° Le Jury appréciera la part que les ouvriers peuvent avoir dans les progrès accomplis. Ces ouvriers seront compris, s'il y a lieu, dans la distribution des récompenses.

8° Les faillis non réhabilités ne participeront pas aux récompenses.

9° Les récompenses décernées par la Société Philomathique consisteront en médailles d'or, d'argent, de bronze et en mentions honorables.

Le titre de membre honoraire de la Société pourra aussi être conféré par l'Assemblée générale, sur la proposition du Comité.

Une Commission, composée de 56 membres de la Société Philomathique, est chargée de la surveillance de l'Exposition pour toute sa durée.

L'Exposition est ouverte au public tous les jours, de onze heures du matin à six heures du soir. — Des cartes d'entrée, valables pour toute la durée de l'Exposition, ainsi que pour la séance de distribution des récompenses, se trouvent, au prix de 5 francs, soit au secrétariat de la Société, soit dans les principaux magasins de la ville.

Toute réclamation doit être adressée par écrit au secrétariat de la Société Philomathique, allées de Tourny, 30.

EXPOSITION GÉNÉRALE

DES

PRODUITS DE L'AGRICULTURE, DE L'INDUSTRIE

ET DES ARTS INDUSTRIELS.

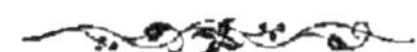

1 (VIII, 1). P.-A. PAQUERÉE, *à Castillon-sur-Dordogne.*
Statmographe.

2 (XI, 3). F. POUEY jeune, *chemin de la Barde, 73, à Bordeaux.*
Conserves alimentaires.

3 (III, 2). P. RENAUD et A. LOTZ, *à Nantes (Loire-Inférieure.)*
Locomobile à vapeur (force 12 chevaux). — Locomobiles à vapeur de diverses forces et destinations. — Machine à battre et à vanner à manège. — Comprimeur d'avoine. — Hache-paille. — Moulin à vanner.

4 (II, »). CHAPERON PERRIGAULT et Cᵉ, *à Libourne (Gironde).*
Meules de divers systèmes.

5 (X, 5). H. MARTIN, *à Saint-Denis, près Paris.*
Articles divers en caoutchouc durci.

6 (XIV, 1). P. COUSINET et fils, *impasse Boule-du-Pétal, à Bordeaux.*
Applications de bitume et mosaïque.

7 (XVIII, 2). J.-L. HUTREL, *allées Damour, 24, à Bordeaux.*
Le Sacré-Cœur de Jésus (vitrail peint).

8 (XVI, 1). E.-G. DEBORDE, *rue Sainte-Eulalie, à Bordeaux.*
Meubles rustiques en fer.

9 (XXV, 3). DORÉ et Cⁱᵉ, *rue du Jardin-des-Plantes, 21, à Bordeaux.*

Chaussures à rivets et à vis par système mécanique.

10 (XIV, 1). J. FAUCHÉ, *rue des Bahutiers, à Bordeaux.*

Moulures pour bâtisse.

11 (XI, 7). MENGARDUQUE fils, *rue du Loup, 88, à Bordeaux.*

Conserves alimentaires. — Bouchage métallique.

12 (IX, 1). A. DÉJEAN, *rue du Parlement-Sainte-Catherine, 21, à Bordeaux.*

Appareils de chauffage. — Fourneaux, etc.

13 (III, 3). R. LEMOTHEUX, *à Langoiran (Gironde).*

Fruits divers.

14 (II et XXI, 1). GASCOU neveu et A. ALBRESPY, *à Montauban.*

Toiles en soie à bluter et soie grège.

15 (III, 3). F. BRASSAC aîné, *à Toulouse.*

Arbustes et plantes à feuilles persistantes.

16 (XVII, 2). COFFICNON frères, *rue du Temple, 189, à Paris.*

Bijouterie, orfévrerie d'art.

17 (XXV, 2). J.-B. KOCH, *rue Sainte-Catherine, 55, à Bordeaux.*

Peignes en écaille, ivoire, corne, etc., et brosses.

18 (XXVI, 2). MARINONI (ancienne maison MARINONI CHEVALIER et BOURLIER), *rue de Vaugirard, 67, à Paris.*

Presse indispensable. — Machine à imprimer.

19 (X, 5). ROUSSEAU, LAFARGE et Cⁱᵉ, *à Persan (Seine-et-Oise).*

Application de caoutchouc.

20 (XI, 5). LOUIT frères, *rue Maucoudinat, 21, à Bordeaux.*

Chocolats, moutarde, fruits préparés et pâtes alimentaires.

21 (XXV, 1). T. BLOC, *rue Saint-Remi, à Bordeaux.*

Vêtements confectionnés.

22 (XXV, 13). J. BARDOU fils, *rue d'Artigues, 22, à Perpignan (Pyrénées-Orientales).*

Papiers à cigarettes.

23 (XI, 6). C. PRAX, *à Perpignan (Pyrénées-Orientales).*

Fruits confits.

24 (XXV, 13). P. HORTALA, *à Perpignan (Pyrénées-Orientales).*

Pipes en bois de Bruyère.

25 (XXV, 5). C.-E. GUILLEMON, *rue de la Taupe, 77.*

Chapeaux de soie, feutre et fantaisie.

26 (VIII, 2). J.-A. REDIER, *cour des Petites-Écuries, 16, à Paris.*

Régulateur et échantillons de petite horlogerie.

27 (V, 2). DUFOUR frères, *rue Saint-Martin, à Périgueux.*

Voitures diverses.

28 (II, 2). B. DUFOUR, *à Marmande (Lot-et-Garonne).*

Une batteuse portative. — Un nettoyage pour les froments. — Un moteur hydraulique.

29 (XXIV, 3). E.-S. CARPENTIER-BEAUREGARD, *rue d'Écosse, 99, à Dieppe.*

Articles divers en ivoire sculpté.

30 (XI, 3). CAUSSEROUGE frères, *rue Quincampoix, 35.*

Liqueurs, sirops, fruits préparés, etc.

31 (X, 4). J.-F. CONTE fils et C*, *rue de Gase, 103, à Bordeaux.*

Maroquins pour chapeaux et portefeuilles.

32 (XI, 3). J.-M.-J. REBOURT-GUIZELIN, *rue de Rivoli, 144, à Paris.*

Conserves alimentaires.

33 (IV, 1). COUSIN frères, *rue Lafayette, 5, à Bordeaux.*

Une machine à vapeur de douze chevaux. — Une *id.* d'alimentation. — Une turbine hydraulique centrifuge. — Une presse hydraulique de 400,000 kilog. — Chaînes. — Treuil. — Cabestans, etc.

34 (XI, 6). J.-L.-M. SABOURY-ROUSSEL, *à Lille (Nord)*.

Pâte mucilagineuse, bonbons aux dattes, etc.

35 (V, 1). J. CLAVET et Cᵉ, *rue des Faures, 55, à Bordeaux.*

Wagons et rails nouveau système.

36 (XXVI, 2). Louis-Florentin MOREAU, *à Bressuire (Deux-Sèvres)*.

Lettres en bois pour affiches.

37 (XXVI, 2). Alf.-Eug. ROCHETTE, *rue d'Assas, 22. à Paris.*

Épreuves chromo-typographiques.

38 (III, 3). J.-B. LAVIELLE et Mᵐᵉ PRIOU, *chemin de Pessac. à Bordeaux.*

Céréales et produits à l'aide de la sève de triptolème.

39 (VIII, 1). M. CARPENTIER-DELAPORTE, *à Boulogne-sur-Mer.*

Nécessaire métrique.

40 (IV, »). Eug. MALDANT et Cᵉ, *rue de Lormont, 58, à Bordeaux.*

Locomobiles de diverses forces. — Machines à vapeur fixes. — Machine à broyer l'ajonc. — Machine à calendrer le linge. — Herse métallique. — Vis de pressoirs, etc.

41 (XIII, »). A.-B. CRIGNIER, *faubourg de Hem, 67, à Amiens.*

Ceintures de sauvetage.

42 (VII,). T.-N. DUBUS aîné, *route de Caen, 58, à Rouen.*

Machine à aiguiser les chapeaux des cardes à coton.

43 (XX, 2). C. ROUQUÈS, *à Limoux (Aude).*

Draps divers.

44 (XVII, 3). J. BOY, *rue Saint-Louis, 96, à Paris.*

Objets d'art en zinc bronzé.

45 (XVI, 1). J. DE LATERRIÈRE et Cᵉ, *chemin de ronde de la barrière Blanche, 9, à Paris.*

Sommiers. — Lits élastiques.

46 (XXV, 3). G. DELAIL, *passage Jouffroy, 55, à Paris.*

Chaussures de chasse.

47 (XI, 3). E. BENOIT et Ce, *rue de Rivoli, 51, à Étampes*.
Légumes conservés.

48 (XX, 2). SOMPEIRAC aîné, *à Cenne-Monestié (Aude)*.
Draps unis et nouveautés.

49 (X, 3). F. DEUSY et Ce, *à Athies-les-Arras (Pas-de-Calais)*.
Cartons de pâte, de paille, etc.

50 (XXV, 4). HOUDEMON-BEAUFEU, *à la Flèche (Sarthe)*.
Gants de peaux diverses.

51 (IX, 2). C. RENAULT, *rue Dauphine, 12, à Bordeaux*.
Vernis divers.

52 (XI, 4). ROBLIN et DÈCLE, *à Neuilly de Poitou*.
Vinaigre pur vin.

53 (XXVI, 2). ROMAIN et PALYART, *rue Martel, 8, à Paris*.
Étiquettes transparentes.

54 (III, 2). J. MENARD, *à Botz (Maine-et-Loire)*.
Ventilateurs.

55 (XI, 6). M. BATISSOU, *à Limoges*.
Parfumeries pour la toilette.

56 (XIV, 2). J. CHAUVET, *15, rue Porte-Basse, à Bordeaux*.
Jets d'eau. — Cages. — Corbeilles, etc.

57 (XI, 1). J. BESSY et Ce, *à Châlons-sur-Saône*.
Amidons. — Semoules. — Farines de maïs.

58 (I et IV, »). PINART et Ce, *à Marquise (Pas-de-Calais)*.
Articles divers en fonte.

59 (IX, 1). F. LOQUAY, *rue de Périgueux, à Angoulême*.
Tuyères de forge en fonte et fer.

60 (XX, 2). MERY-SAMSON et A. FLEURIOT, *à Lisieux*.
Draps divers.

61 (X, 3). A. VORSTER, *à Monfourrat*.
Papiers à lettres divers et autres.

62 (XIV, 1). P.-V. DUTAU, *à Macau (Gironde).*

Tuiles. — Carreaux. — Drains. — Briques.

63 (X, 4). J.-B. MALET, *rue des Novars, 3, à Toulouse.*

Maroquins et peaux de moutons.

64 (XXIII), 2). HEYBRARD, DELAPART et SENGÈS, *à Toulouse.*

Châles et tissus imprimés.

65 (XVIII, 3). VIREBENT frères, *à Toulouse.*

Autel et ornements d'architecture en grès céramique.

66 (IV, 0). CARDAILHAC et fils, *rue des Amidonniers, à Toulouse.*

Pompe locomobile d'irrigation. — Turbine. — Presse hydraulique. — Machine à vapeur locomobile.

67 (XXIV, 1). S. DOAT, *allées Louis-Napoléon, 44, à Toulouse.*

Autel et cheminées en marbre.

68 (III, 2). R. PIALOUX, *à Agen.*

Une machine à dépiquer. — Un crible trieur. — Un vannoir.

69 (XI, 1). CAZENOVE aîné, *à Aiguillon (Lot-et-Garonne).*

Amidons.

70 (XVI, 1). N, BARBOU, *rue Montmartre, 55, à Paris.*

Porte-bouteilles en fer.

71 (XVIII, 1). F. HOUTART et Cᵉ, *à Lourches (Nord).*

Bouteilles diverses.

72 (XIV, 1). P. BORIE et Cᵉ, *rue de la Muette, 55, à Paris.*

Briques tubulaires, etc.

73 (XI, 6). M. WEILL et Cᵉ, *rue des Serruriers, 12, à Strasbourg.*

Savons de toilette.

74 (V, 1). Napoléon VAQUIÉ, *rue Palais de l'Ombrière, 20, à Bordeaux.*

Essieux système Ulmer, etc.

75 (XXVI, 2). J.-B.-G. NISSON, *rue de Chabrol, 18, à Paris.*
Étiquettes et impressions de luxe.

76 (V, 1). J.-B.-J CONSTANT, *place de la Comédie, à Bordeaux.*
Wagon-frein.

77 (XXVII, 2). Ch. SIMONIN, *rue Romiguieres, 15, à Toulouse.*
Violons et basse.

78 (XVIII, 4). P.-E.-L. SAZERAT, *à Limoges.*
Porcelaines blanches et décorées.

79 (XVII, 3). L. GRADOS, *rue Amelot, 64, à Paris.*
Ornements en zinc. — Bassin en zinc, réunissant le fondu,
le relevé et l'estampé.

80 (IX, 2). P. GOELZER, *faubourg Saint-Martin, 113, à Paris.*
Appareils à gaz.

81 (XXVII, 1). ALEXANDRE père et fils, *rue Meslay, 59, à
Paris.*
Quatre orgues.

82 (XXV, 7). FERGUSSON et fils, *à Amiens.*
Dentelles de Cambrai.

83 (X, 1). J.-G.-L.-H. MOURE, *fossés de l'Intendance, 28, à
Bordeaux.*
Papier tue-mouches et poudre insecticide.

84 (II, »). BRISGAULT frères, *à Cinq-Mars-la-Pile (Indre-et-
Loire).*
Meules à blé.

85 (X, 1). Le baron RIGNON, *à Briscous (Hautes-Pyrénées).*
Sels ignigènes.

86 (III, 2). REIGNIER VEYRE, *boulevard Saint-Hilaire, à Périgueux.*
Charrues Dombasle et herse sarcleuse.

87 (XI, 6). G. TARASCON, *à Carpentras (Vaucluse).*
Liqueurs sédatives et apéritives.

88 (XI, 3). BONFILS frères et Cᵉ, *à Carpentras (Vaucluse).*
Conserves de truffes et autres essences.

89 (III, 2). J.-N. THARIEUX et M. LEPLADE, *à La Bastide,
près Bordeaux.*

Clôtures à la mécanique.

90 (XXII, »). L. MIGEON. *à Larochefoucauld (Charente).*

Métier ourdisseur et continu. — Toiles de chanvre.

91 (XI, 6). BÉRENGER fils, *à Grasse (Var).*

Extraits d'odeurs, essences, huile d'olive, eau de fleur
d'orangers, etc.

92 (XXVI, 2). FOIX frères, *à Auch.*

Ouvrages imprimés.

93 (VI, 0). L. MONTAIGUE, *rue de Lyon, 55, à Bordeaux.*

Nouvelle chaine de transmission.

94 (XVI, 1). P. NAU fils aîné, *à Berson, près Blaye.*

Ferrures de persiennes et de charpente, etc.

95 (IV, 0). C.-F. RAPP, *rue Feydeau, 18, à Paris.*

Machines.

96 (IX, 3). GOL fils et Cᵉ, *à Casteljaloux.*

Cierges et bougies.

97 (XXIII, 1). REQUILLART ROUSSEL et CHOCQUEEL, *à
Turcoing-Aubusson, et à Paris.*

Tapis et étoffes pour meubles.

98 (XI, 6). H. SIMIAND, *rue Pertusière, à Grenoble.*

Liqueurs nouvelles.

99 (XI, 5). JACQUEMIN, père et fils, *à Meursault (Côte-d'Or).*

Moutarde.

100 (XXV, 1). H. RODRIGUES, *place de la Comédie, 2, à Bordeaux.*

Vêtements confectionnés.

101 (VIII, 1). J.-C. MARTIN, *quai Valmy, 105, à Paris.*

Contrôleur et indicateur de pression pour usine à gaz et
compteurs.

102 (XIV, 2). HARDY et MICHELEZ, *rue de Lyon, 57, à Paris*.
Ornements en zinc pour bâtisse.

103 (VI, 0). P. MAIGNE, *rue de La Roquette, 15, à Paris*.
Soufflets divers.

104 (VI et VII, 0). A.-E. CORNE, *rue du Chemin-Vert, 53, à Paris*.
Manomètres, soupapes, niveau d'eau, robinets ventilateurs.

105 (XIV, 2). C. FAVIER, *rue Bergère, 54, à Paris*.
Appareils inodores. — Chaises percées.

106 (XXVII, 1). A. BATAILLE et Cᵉ, *rue Meslay, 28, à Paris*.
Pianos.

107 (XI, 1). Les héritiers BUSCHETTO, *place de la Visitation, 9, à Toulouse*.
Pâtes alimentaires.

108 (XXVI, 5). L.-G. REY, *à Aiguillon (Lot-et-Garonne)*.
Épreuves photographiques.

109 (XXVI, 2). A.-M. GUEIDON, *rue Sainte-Théodore, 1, à Marseille*.
Ouvrages imprimés.

110 (XI, 5). P. FAGALDE, *à Cambo (Basses-Pyrénées)*.
Chocolats divers.

111 (X, 3). PIQUE cadet, *à Écrilles (Jura)*.
Cartons divers.

112 (XI, 1). LEROUX, d'ARCET et fils, *à Baune (Côte-d'Or)*.
Fécules et glucoses.

113 (V, 2). L. CHARLES, *rue Fondaudége, 155, à Bordeaux*.
Colliers de chevaux.

114 (XI, 1). M. DUCLOS fils, *à Escoute-sur-Lot (Lot-et-Garonne)*.
Farine étuvée.

115 (XI, 5). SAINTOIN frères, *à Orléans*.
Liqueurs et chocolats.

116 (XXVII, 1). N.-M. DÉTIR et C*e*, *faubourg - Saint-Martin, 122, a Paris.*

Pianos.

117 (VI et IX, »). CAHOUET et MORANE, *rue du Banquier, 10, à Paris.*

Machine à fabriquer la chandelle. — *Id.* la bougie. — Moules de cierge.

118 (VII, »). C. CALLEBAUT, *rue de Choiseul, 6, à Paris.*

Machines à coudre.

119 (VI, »). F. TUSSAUD, *rue Neuve-de-Lappe, 6, à Paris.*

Machines à hacher. — *Id.* à percer. — Batteur à cuirs, etc.

120 (XXV, 2). E.-T. ASSEGOND, *rue des Enfants-Rouges, 11, à Paris.*

Bâtons dorés.

121 (XIII, 0). F. CAVAYÉ, *à Montpellier.*

Ceinture de natation.

122 (XVI, 1). PONSIAN-ORMIÈRES, *rue Montméjean, 5, à Bordeaux.*

Caisses d'orangers et siccités.

123 (VI, 0), J. ISSANJOU, *à Castelsarrazin.*

Tour à percer le bois.

124 (XXVI, 2). J.-P. CHAMEAU, *rue des Faussets, 15, à Bordeaux.*

Épreuves lithographiques.

125 (V, 2). P. DESBOIS, *allées Damour, 15, à Bordeaux.*

Harnais. — Sellette.

126 (XXVI, 5). J.-H. GIROT, *à Agen.*

Épreuves photographiques.

127 (III, 2). C. BADIMON, *à Marmande.*

Fouloir-égrappoir à vendange.

128 (XVI, 1). CAMES et FOURCADE, *à Tarbes.*

Ardoises.

129 (I, 6). G. CHAMBOREDON, *rue Condillac, 12, à Bordeaux.*
Robinet avec ajustage en caoutchouc.

130 (I, »). BARBEZAT et Ce, *à Val d'Osne (Haute-Marne).*
Vases, statues, fontaine, etc., en fonte.

131 (X, 4). A. ROBAUT, *à Valenciennes.*
Cuirs à cardes.

132 (VII, 0). A. SEHET, *à Lodève.*
Plaques et rubans pour cardes à laine.

133 (XVIII, 3). LAPLANQUE et CONNAC, *faubourg Bonne-Foi,
90, à Toulouse.*

Produits céramiques, drains. — Ornements d'architecture.

134 (XXVI, 1). L. RENARD, *rue Sainte-Colombe, 17, à Bordeaux.*

Tableaux de calligraphie.

135 (XI, 3). FOURNAUD fils, *à Tulle.*
Conserves alimentaires.

136 (XXVI, 3). CERF et NANARA, *fossés de l'Intendance, 19,
à Bordeaux.*

Cartonnage de luxe.

137 (XI, 5). A. POTHIER, *à Beaune (Côtes-d'Or).*
Moutarde.

138 (XI, 5), GAMICHON-GUIET, *à Chinon (Indre-et-Loire).*
Moutardes, chocolats, cafés.

139 (IX, 1). J.-B.-A. GODIN-LEMAIRE, *à Guise (Aisne).*
Appareils de chauffage et autres.

140 (IX, 3), J.-T. CAUSSEMILLE jeune, *boulevard de la Gare,
12, à Marseille.*

Allumettes et papiers à cigarettes.

141 (XVIII, 3).V. BARBIZET, *place du Trône, 17, à Paris.*
Poteries d'art.

142 (XXV, 5). D. LAPÈNE et CAPMARTIN, *à Toulouse*.

Chapeaux de divers genres.

143 (IX, 1). LOBIS et BERNARD, *rue Sainte-Catherine, 203, à Bordeaux*.

Cuisine distillatoire et appareils pour boissons gazeuses.

144 (XIV, 3). P. AUMÈTRE, *rue Sainte-Catherine, 203, à Bordeaux*.

Échantillons de peinture en voiture.

145 (XVI, 4). ALEXANDRE jeune, *faubourg, Saint-Antoine, 91, 93 et 95, à Paris*.

Glace, style alhambra.

146 (X, 1). F. LEBEUF, *rue Pont-Mayou, 14*.

Saponine et préparations cosmétiques en dérivant,

147 (XIV, 1). N. COURTY, *r. de la Course, 57, à Bordeaux*.

Toitures en ardoises.

148 (XIII, »). M. E. LE BARAZER, *cours Napoléon, à Bordeaux*.

Appareil de sauvetage.

149 (XIII, »). M. J.-A. GODET, *rue Saint-Hubert, 31, à Bordeaux*.

Système nouveau pour diminuer la voilure.

150 (XXVI, 5). C. MICHEL, *rue Mautrec, 5, à Bordeaux*.

Épreuves photographiques.

151 (XXV, 13). LEMAIRE DAIMÉ, *à Andrésy (Seine-et-Oise), et faubourg Poissonnière, 58, à Paris*.

Petits articles de Paris.

152 (III, 2). J. PINET fils, *à Abilly (Indre-et-Loire)*.

Manége, batteuse, moulin, tarare, etc.

153 (XXIV, 2). L.-J.-D. AUDOT, *rue Neuve-Montmorency, à Paris*.

Ébénisterie de luxe. — Articles de Paris,

154 (VI, »). A. DUVAL, *rue des Vertus, 20, à la Villette, à Paris*.

Machines à percer les métaux.

155 (VI, »). E. SCELLOS, *rue Popincourt, 64, à Paris.*

Courroies de transmission, etc.

156 (XVII, 3). E. GRANGER, *boulevard Saint-Martin, 11, à
Paris.*

Bijouterie et armes de luxe.

157 (XVII, 1). G. MARTIN, *rue du Cherche-Midi, à Paris.*

Articles de chasublerie, ornements d'églises.

158 (XVII, 1). J. TROUVIN, *parvis Notre-Dame, 4, à Paris.*

Ornements d'églises.

159 (XXIV, 2). F. BINET, *faubourg Saint-Denis, 16, à Paris.*

Caves à liqueur. — Boîtes à thé. — Objets de fantaisie.

160 (XXVI, 5). C.-R LEROUX, *rue Sainte-Catherine, 56, à
Bordeaux.*

Épreuves photographiques.

161 (XXI, »). GILLION et COTTON, *rue du Perche, 17, à Paris.*

Métier et tissus élastiques pour brodequins et bottines.

162 (XXIV, 2). J. BOURNAC, *route de Bayonne, 41, à Bordeaux.*

Jardinières en feuilles de pin.

163 (XI, 5). LABADENS, *à Condom (Gers).*

Moutarde.

164 (XX, 2). HOULÈS père et fils, et CORMOULES, *à Maza-
met (Tarn).*

Draperie et nouveauté.

165 (XXV, 2). ROLAND DRELY, *rue de Châlons, passage Moulin, 4, à Paris.*

Baleines de cornes pour corsets.

166 (V, 2). B.-N. GORJU, *à Blaye (Gironde).*

Harnais de cabriolet.

167, (IX, 2). BOUILLON MULLER et Cᵉ, *rue de Chabrol, 55, à
Paris.*

Appareil de lessive. — Machine à laver. — Séchoir por-
tatif. — Essoreuse. — Calandre. — Presse, etc.

168 (X, 4). A. MILLIER, *rue Lafayette, 117, à Paris.*
Peaux pour filature. — Cuirs à Cardes, etc.

169 (XII, »). P.-Nicolas VASSEUR, *rue de l'École de Médecine, a Paris.*
Préparations anatomiques et d'histoire naturelle.

170 (XXVI, 3). A. DESPIERRES, relieur de S. M. l'Empereur, *rue de l'Echelle, 5.*
Reliures artistiques et objets d'art.

171 (X, 1). F. MIANNE et Ce, *cours St-Jean, 186, à Bordeaux.*
Huile onctueuse végétale.

172 (XXVI, 5). NADAR, *rue Saint-Lazare, 115, à Paris.*
Épreuves photographiques.

173 (XXIV, 2). GUER et frères, *rue de Buffaut, 7, à Paris.*
Ébénisterie artistique.

174 (XVI, 2). E.-A. LACROIX, *aux Thernes, près Paris.*
Lits en fer et meubles de jardin.

175 (XXVI, 2). L. CURMER, *rue Richelieu, 47, à Paris.*
Éditions de luxe.

176 (XVII, 3). SUSSE frères, *rue Vivienne, 31, à Paris.*
Bronzes d'art.

177 (XI, 5). G. PENIN et Ce, *à Bayonne.*
Chocolats.

178 (XIV, 2). A.-E. TARDY, *rue Muret, 11, à Chartres (Eure-et-Loir).*
Store-télégraphe.

179 (XXVI, 2). A. VINGTRINIER, *quai St-Antoine, 35, à Lyon.*
Divers ouvrages édités par lui.

180 (I et II, »). T.-F. CALARD, *rue du Regard, 2, à Paris.*
Feuilles métalliques perforées.

181 (XI, 1). LIOTHAUD GIRARD et Ce, *à la Vieille-Madelaine, près Tours.*
Pâtes alimentaires.

182 (XVI, 1). J.-B. ROUSSIN, *fossés de l'Intendance, 59, à Bordeaux.*

Sommiers-Phénix. — Meubles en fer.

183 (I, »). J. JARDON, *à Champlaurier, près Saint-Claud (Charente).*

Poterie et autres articles en fer et fonte.

184 (IX, 4). P.-D. PRUD'HOMME, *rue St-Martin, 2, à Paris.*

Sonneries et signaux électriques.

185 (III, 2). J. LAVILLE, *à Saint-André-du-Bois (Gironde).*

Instruments agricoles.

186 (III et XVIII, 2). J.-S.-F. CLAMAGERAN, *à La Lambertie (Gironde).*

Charrues. — Drains et autres produits céramiques.

187 (XIV, 1). G. DE BRIOLLE et Cᵉ, 67, *rue de Lormont, à Bordeaux.*

Bitumes. — Noir de fumée.

188 (XVII, 3). C. CHRISTOFLE et Cᵉ, *rue de Bondy, 56, à Paris.*

Bronzes et orfévrerie de table. — Galvanoplastie. — Aluminium.

189 (VI, »). A. BOSSÈS, *rue Lecoq, 22, à Bordeaux.*

Un tour parallèle. — Un pressoir complet. — Outils divers.

190 (XXIV, 3). LAGNIER, *cours de l'Intendance, 42, à Bordeaux.*

Objets d'art en bois sculpté.

191 (XXIV, 2). D. SANSON, *rue Sainte-Catherine, 157, à Bordeaux.*

Ameublements en noyer.

192 (XXV, 12). A. BÈGUE, *51, avenue Saint-Denis, à Passy-les-Paris.*

Hélice aérienne. — Jeu de salon.

193 (XXIII, 1). F. PLANCHON et Cᵉ, *avenue Sainte-Foy, 7, à Neuilly-sur-Seine.*

Tapisseries genre Beauvais et Aubusson.

194 (XXVI, 4). C.-E. LOIZEAU, *à Poissy (Seine-et-Oise).*

Crayons et porte-plumes.

195 (X, 1). TISSIER aîné et fils, *au Conquet (Finistère)*.
Produits chimiques extraits des Varechs.

196 (XIV, 2). J. CLAVIÈRES, *rue Blanche, 82, à Paris*.
Un châlet, construction en bois.

197 (XXV, 5). B. DIEGO, *rue Poitevine, 50, à Bordeaux*.
Modèles de chapeaux.

198 (X, 2). J.-B. ROUX, *rue Dauphine, 8, à Bordeaux*.
Compositions diverses pour usages domestiques.

199 (XXV, 9). Vᶜ MAURET, *Fossés de l'Intendance, 51, à Bor-*
deaux.
Fleurs artificielles.

200 (V, 1). H. LALANDE, *à Castillon (Gironde)*.
Une machine pour chemins de fer.

201 (XIII, 2). J. GRENIÉ et LADEVÈZE, *quai des Salinières,*
16, à Bordeaux.
Fusils doubles.

202 (XIV, 1). A. SERISIÉ, *rue Saint-Joseph, 38, à Bordeaux*.
Portail d'église, style du XIIᵉ siècle.

203 (XXV, 6). PIGNY frères, *à Toulouse*.
Articles de voyage.

204 (III, 2). P. RÉAUD, *à Blaye (Gironde*.
Batteuse. — Moulin.

205 (XXIV, 2). A. MELLER, *cours de Tourny, 16, à Bordeaux*.
Garnitures de fauteuils et de chauffeuses.

206 (XVII, 2). F. THÉNARD, *Palais-Royal, 47, à Paris*.
Gravures artistiques sur métaux et pierres fines.

207 (XVIII, 3). RIVIÈRE et Saint-Elme ARCHAMBAULT, *fau-*
bourg-Saint-Jean, 26, à Orléans.
Vases de jardin et faïence à feu.

208 (II, 0). P. BAILLARGEON, *à Rennes*.
Machines à épurer les grains.

209 (VIII, 1). C.-C. BARBIER, *rue Michel-le-Comte, 25, à Paris.*
Mesures diverses.

210 (XXIV, 1). I. HERNOT, *à Lannion (Côtes-du-Nord).*
Sculptures en pierre ou granit.

211 (XIV, 3). C. ANDREUCCETI, *rue Fondaudège, 126, à Bordeaux.*
Peintures imitant le bois ou le marbre.

212 (X, 2). E. BOURDON, *à Château-Renault (Indre-et-Loire).*
Colles-fortes.

213 (XI, 1). GENET-MATHIEU, *faubourg-Saint-Pierre, 175, à Nancy.*
Amidons et semoules.

214 (XX, 1). BUIRETTE-THIAFFAIT et FARAGUET, *à Dijon.*
Laines filées pour tricots et tissus.

215 (IX, 2). A. SCHVOB, *rue du Carmel, 92, à Rouen.*
Appareils à gaz.

216 (XX, 1). P. COINTEPLS-LANGLOIS, *à Patey (Loiret).*
Couvertures de Laine.

217 (XXV, 2). J. SUCHEL-DAMAS, *à Thizy (Rhône).*
Corsets sans coutures.

218 (IX-XVII, 2). P. DESCOLE, *rue Saint-Louis, 72, à Paris.*
Lampes et suspensions, etc. — Bronzes d'art.

219 (XIV, 3). H. LEPREUX, *rue Montesquieu, 10, à Bordeaux.*
Stores.

220 (II et XI, »). J.-P. CARRÈRE aîné, *rue Bouquière, 57, à Bordeaux.*
Toiles métalliques. — Tôles découpées. — Tamis.

221 (XIV, 4). HALLEY VECQUE jeune et C°, *rue d'Angoulême-du-Temple, 56, à Paris.*
Tuyaux en tôle bitumée.

222 (IX, 1). HALLEY et C°, *rue d'Angoulême-du-Temple, 56, à Paris.*
Calorifères à air chaud.

223 (XVII, 3). L. HÉMERY, *rue du Temple, 118, à Paris.*

Bijouterie et bronzes de fantaisie.

224 (III, 3). G.-G.-L. BECKENHAUPT, *à Bischwiller (Haut-Rhin).*

Houblon de la récolte de 1858.

225 (XXV, 6). A.-J. CARLIER, *rue Michel-le-Comte, 25, à Paris.*

Portefeuilles et autres articles de maroquinerie.

226 (XI, 1). C. PLANQUE, *à Pont-Sainte-Maxence (Oise).*

Fécule de pommes de terre et cartons.

227 (XVI, 2). B.-J. GOSTEAU, *rue Meslay, 34, à Paris.*

Grilloirs. — Porte-allumettes et porte-cigares.

228 (VII, »). F. DURAND et H. PRADEL, *rue Claude-Villefaux, à Paris.*

Machines à mouliner. — *Id.* à tordre et retordre. — *Id.* à percer. — Ventilateur.

229 (V, 2), H. MERCIER, *allées Saint-Étienne, 11 et 13, à Toulouse.*

Deux voitures.

230 (V, 1). MAZOUDIER, capitaine au 54e régiment, *à Clermont-Ferrand.*

Brouette à deux roues, à charge basse et caisse mobile.

231 (XI, 6). P.-V. BULLOT, *à Châlons-sur-Marne.*

Limonades. — Élixir de Champagne.

232 (XI, 6). CHAUVET fils, *rue du Cancera, 23, à Bordeaux.*

Liqueurs, sirops, fruits conservés.

233 (II, »). J. PORLIER, *rue Estey-de-Bègles, 52, à Bordeaux.*

Épurateur pour les basses matières de farine.

234 (XII, »). LEPERDRIEL et MARMIER, *rue Sainte-Croix de la Bretonnerie, 34, à Paris.*

Produits pharmaceutiques. — Appareils de compression élastiques. — Pharmacies de poche, etc.

235 (XVI, 2). P.-F. TABORIN, *rue Amelot, 62, à Paris.*

Limes en acier fondu.

236 (III, 3). TOULTAIN-GIRARD et Ce, *rue Neuve, 16 et 18, à
Bordeaux.*

Balais et balayettes en sorgho.

237 (III, 3). J.-P. LABORDE, *à Gironde, arrondissement de La
Réole.*

Balais et balayettes en sorgho.

238 (XXVII, 1). L. et J. AUCHER frères, *rue de Boudy, 44, à
Paris.*

Pianos droits.

239 (XI, 3). N. et P. MALINAU, *allées des Noyers, 87, à Bordeaux.*

Conserves alimentaires, fruits au jus et à l'eau-de-vie,
confitures.

240 (XXVI, 2). A.-F. PERRIER, *à Oran (Algérie).*

Ouvrages imprimés ou lithographiés édités par lui.

241 (XI, 7). P. AMANIEU, *rue des Minimes, 52, à Bordeaux.*

Nouveau système de bouchage pour futailles.

242 (XIII, 2). A.-B. BELLIÉ, *fossés de l'Intendance, 60, à Bordeaux.*

Fusils et pistolets.

243 (XI, 5). J. MONCAMP et Ce, *rue du Pas-Saint-Georges, 15,
à Bordeaux.*

Chocolats, moutarde, légumes secs, vinaigre.

244 (X, 2). VALLÉE et CLOCHETTE, *place Carrière, 38, a
Nancy.*

Colle forte.

245 (XX, 1). M. FORT, *à Saint-Jean-Pied-de-Port (Basses-
Pyrénées).*

Couvertures de laine.

246 (XI, 2). G. GIBERT, *à Reims (Marne).*

Vins de Champagne mousseux, non mousseux et rouges.

247 (XXV, 13). ROUFFIA frères, *rue des Trois-Rois, 6, à Perpignan.*

Papiers à cigarettes.

248 (XIV, 1). T. LÉPILLER, *rue Huguerie, 18, a Bordeaux.*

Briques réfractaires de diverses formes.

249 (XIX, 1). M. HACQUE-HAINSELIN, *à Ansauvillers (Oise).*

Tissus de coton et de lin, chemises et pantalons.

250 (X, 1 . DURET aîné et BOURGEOIS, *rue Saint-Fiacre, 27,
à Vaugirard, près Paris.*

Couleurs non vénéneuses.

251 (VIII, 2). E. PIGUET, *Grand'Rue, 56, à Besançon*

Horlogerie. — Chronomètre de poche, montre chemin
de fer, etc.

252 (X, 4 . SALLÉ-MARIN, *à Nevers.*

Cuirs pour courroies de transmission, pour grosse souf-
flerie, pour harnais et autres.

253 (XI, 1). BIRTAGNE, *faubourg Saint-Michel, à Carcassonne.*

Amidons.

254 (XXV, 8). RÉMUZAT jeune et DUMAS, *rue Bouffard, 25
à Bordeaux.*

Passementerie d'ameublements.

255 (XXII, »). BÉGUÉ père, fils et TOURNIER, *à Pau (Basses-
Pyrénées .*

Linge de table, de toilette et autres.

256 (XXV, 9). Mme H. GALLAME, *rue Puy-Paulin, 8, à Bordeaux.*

Fleurs artificielles.

257 (XIV, 2). LEBRUN, *à Angers, représenté par M. Ledru,
serrurier à Bordeaux.*

Système de croisée impénétrable à l'air et à l'eau.

258 (IX, 3). J.-B. MALLET fils et Ce, *rue Fondaudége, 183, à
Bordeaux.*

Bougies stéariques.

259 (XV et XIV, 1 . J. ROBIN et HENRY, *rue de la Monnaie,
22 et 15, à Bordeaux.*

Modèle de machine à battre les pieux au 10e)

260 (III, 3, et V . F. GALLAND, *à Ruffec (Charente).*

Céréales diverses et benzine végétale.

261 (V, 2 . J.-A. DELRIEU, *rue des Augustins. 11, à Bordeaux.*
Harnais. — Sellette.

262 (XXV, 10 . H. HUBERT, *allées de Tourny, 52, à Bordeaux.*
Postiches en cheveux.

263 (I, »). RÉGAGNON et Ve GANNE, *rue du Casse, 50, à Bordeaux.*
Cuivre fondu, brut et rachevé.

264 (XVI, 3 . P. MERLE, *rue Lalande, 45, au Pénitencier, à Bordeaux.*
Articles de quincaillerie.

265 (XIV, 1). DOMAGEAU et Ce, *à Bègles, et à Bordeaux, rue Ferrère, 50.*
Tuyaux et autres articles en ciment de Portland.

266 (III, 2). A. BANEAU, *à Saint-Marcel, commune de Saint-Sylvestre (Lot-et-Garonne).*
Machine moissonneuse à blé.

267 (XI, 6). A. BILLARD, *rue de la Grosse-Horloge, 59, à Rouen.*
Sucre de pommes. — Gelée, dragées, etc.

268 (XXIII, 1). P.-P. ESTRABAUD, *route de Toulouse, 24, à Bordeaux.*
Tapis toile cirée.

269 (XXV, 10 . H. PIGAULT, *fossés de l'Intendance, 7, à Bordeaux.*
Postiches en cheveux.

270 (XVIII, 3 . H. DUBOURDIEU jeune, *à Thiviers (Dordogne).*
Faïence et poterie.

271 (VI, »). H. TAMARELLE et BINARD, *à Bergerac (Dordogne).*
Hacheur mécanique.

272 (XXV, 2). Mme VALIBOUZE, *rue des Lauriers, 8, à Bordeaux.*
Chemises.

273 (XI, 2). MOLINIER et SERRES, *à Cahors (Lot).*
Bière lyonnaise.

274 (XII, »). L. DAVANSEAUX, *à Rochefort-sur-Mer.*
Appareils à irrigation utéro-vaginale.

275 (X 4). A. BENOIST et fils *à Lavousseau, commune de Be-
nossoy (Vienne).*
Cuirs préparés.

276 (XIV, 1). GUIGNARD et C⁽ᵉ⁾, *a Ars (île de Ré).*
Ciment en poudre et ouvrages en ciment.

277 (XII, »). V. LONGERON, *Cours Napoléon, 102, a Bordeaux*
Articles nouveaux d'orthopédie, et bandages.

278 (X, 4). N.-A. GALLIEN, *à Longjumeau (Seine-et-Oise).*
Cuirs préparés.

279 (XI, 3). C. COUSSIN, *Avenue de Paris, 124, à La Bastide,
près Bordeaux.*
Glands doux en poudre.

280 (XIV, 1). F. TROUILLON et C⁽ᵉ⁾, *à Caudéran, près Bordeaux.*
Carrelages mosaïque en ciment romain comprimé.

281 (XXIV, 1). J.-B.-V. COUDERC, *à Jurançon, près Pau
(Basses-Pyrénées).*
Ornements et statuaire en terre cuite.

282 (IX, 3). E.-E. ROUSSILLE frères, *à Jurançon, près Pau.*
Stéarine, bougies, cire, savon d'oleine, couperose, acide
sulfurique.

283 (XXIV, 2). J. PARDIEU, *place Saint-Étienne, 4, à Toulouse.*
Ébénisterie et moulures.

284 (XI, 2). DAROLES et fils, *à Auch (Gers).*
Liqueurs.

285 (IX, 1). A. NAUD, *rue Quai-Bourgeois, 35, a Bordeaux.*
Cuisine distillatoire.

286 (XIV, 2). J. DUSSUTOUR fils, *rue Saint-Charles, 47, a
Bordeaux.*
Menuiserie pour navires.

287 (XIV, 1). L.-L. LE BRETON, *rue de Corcelles, 48, à Paris.*
Composition de parcs paysagers.

288 (XI, 2). F. DUFFER, ROUSSET et Ce, *cours Bourbon, 7, à Lyon.*

Liqueur de Chine dite *mandarine.*

289 (V, 2). C. FRAISSE, *cours Cicé, 35 et 37, à Bordeaux.*

Caisse de voiture (coupé trois-quarts).

290 (X, 4). A. COUTY, *à Pilleux, près Nantes.*

Cuirs vernis.

291 (XII, 4 et IX), A. GAIFFE, *rue de Savoie, 4, à Paris.*

Instruments de physique et appareils électro-médicaux.

292 (IX, 1). M. CLAES, *rue Porte-Dijeaux, 34, à Bordeaux.*

Cheminées Louis XV au marteau.

293 (XIV, 1). J.-L. BERTHOMMÉ, J. GEOFFROI et H. FROC-
CIN. *rue de l'Église-Saint-Seurin, 47, à Bordeaux.*

Autels. — Cheminées. — Vases. — Statues. — Ornements divers en marbre ou pierre.

294 (I, »). C. GULLIET, *rue de Penthièvre, 19, à Lyon.*

Une cloche et son battant, à 3 fr. 80 cent. le kilog.

295 (XXV, 2). ULRICH-VIVIEN, *à Bar-le-Duc (Meuse).*

Corsets sans coutures.

296 (III, 5). L. DE BENTZMANN, *à Sainte-Bazeille (Lot-et-Garonne).*

Cocons de vers à soie.

297 (XI, 3). RODEL et fils frères, *rue du Jardin-Public, 37, à
Bordeaux.*

Conserves alimentaires.

298 (XI, 3. C. TORLORE, *rue Ducau, 48, a Bordeaux.*

Boîtes en fer-blanc pour conserves alimentaires.

299 (XVI, 4). JACQUIN et fils, *rue Margaux, 3, à Bordeaux.*

Cadres en bois sculpté avec glaces. — Christ en pâte.

300 (XIX, 1). F. RATABOUL, *à Léognan (Gironde).*

Caleçons, gilets, camisoles, etc., en coton.

301 (V, 2). BELVALLETTE frères, *à Boulogne-sur-Mer, et à
Paris, avenue des Champs-Élysées, 34.*

Voitures diverses.

302 (XVI, 2). A. GLAUDE, *à Morizès (Gironde).*

Outils divers.

303 (III, 4). BUGNOT fils, *a Dôle (Jura).*

Poudre insecticide et soufflets.

304 (XVI, 2). F. DEMONS et frères, *à Orchies (Nord).*

Outils divers en acier fondu.

305 VI, »). T. MENGIN, *à Ronceux (Vosges).*

Soufflets de boucher.

306 (III, 2). Pierre PASCAUD, *à Saint-Paul-les-Dax.*

Clôtures diverses peintes au coltar.

307 (XXV, 13). E. REVERDY et Cᵉ, *rue Peyrolières, 51, a
Toulouse.*

Papier à cigarettes et articles de fumeurs.

308 (XI, 2). J.-S. LAPRADE et fils, *à Villeréal (Lot-et-Garonne).*

Liqueurs.

309 (XXII, »). J.-B. LACOMBE, *rue Neuve, à Tonneins.*

Cordages, ficelles, lignes de pêche, etc.

310 (XI, 2). SALIÈRES et CARBOU, *à Carcassonne (Aude).*

Liqueurs.

311 (XXVI, 2). Bernard CHAUVE, *rue du Parlement-Saint-
Pierre, 16, à Bordeaux.*

Étiquettes gaufrées.

312 (XX, 1). POIZAT frères, *à Cours (Rhône).*

Couvertures et molletons.

313 (III, 5). CAVALLIER frères, *à Grasse (Var).*

314 (X, 4). VILLALARD et fils frères, *rue Porte-Dijeaux, 49,
à Bordeaux.*

Cuirs à semelles et autres.

315 (XI, 3). E. CHATONET jeune fils, *à La Rochelle*.
Sardines à l'huile.

316 (XXVI, 3). V⁰ A. PALOC, *allées de Tourny, 25, à Bordeaux*.
Cartonnages de luxe.

317 (XXV, 10). E. BOSSUET, *à Jonzac (Charente-Inférieure)*.
Ouvrages en cheveux.

318 (XXVI, 1). L. GUIGUET et A. LALLIÉ, *rue Hautefeuile, 18,
à Paris*.
Dessins et gravures industriels.

319 (II, »). TAJAN, *à Bayonne*.
Blutoir, ventilateur, tamis à tambour, etc.

320 (X, 2). A. PARENT jeune, *à Givet (Ardennes)*.
Colle forte en tablettes

321 (XI, 1), BARRIER et LAPAIRE, *rue Sainte-Croix, 71, à
Bordeaux*.
Appareil pour la concentration du Vesou.

322 (XXIV, 1). E. BLOT, *rue Thurot, 15, à Boulogne-sur-Mer*.
Groupes de statuaire : 1º famile de bohémiens ; 2º les
gens du port (pêcheurs boulonnais).

323 (XI, 2). G. LECAVELIER, *rue Neuve-Saint-Jean, 57 bis, à
Caen*.
Liqueurs diverses.

324 (XI, 2). A. SICARD, D.-M., *rue d'Arcole, 4, à Marseille*.
Teintures, alcool, sucre, fécules, pâtes d'Italie, papier
et paille, obtenus du sorgho.

325 (XII, »). G. ANDREUX, *pharmacien à Ste-Terre (Gironde)*,
Plantes sèches.

326 (XIX, 1). E.-F. LE CONTE, *à Morlaix (Finistère)*.
Fils blanchis.

327 (XI, 6). FRÉLUT et LEYRIT, *à Clermont-Ferrand*.
Fruits glacés, pâtes et confitures.

328 (X, 2). A. BAUX et fils, *à Givet (Ardennes)*.
Colles fortes.

329 (XIII, 2). J.-B. RIFFATERRE fils, *à Bourganeuf (Creuse)*,
Fusils de divers genres.

330 (X, 3). M. WEILLER, *faubourg St-Cybard, à Angoulême.*
Tissus métalliques et rouleaux de papeterie.

331 (XXVI, 5). AMOUROUX frères, *à Aurillac.*
Épreuves photographiques.

332 (XXVI, 1). PHILIPPE. *à Carcassonne, derrière la caserne.*
Plan de jardin.

333 (XXII, »). F.-B. LOUBATIÈRES, *à Villeneuve-sur-Lot.*
Toiles cirées économiques et papiers cirés.

334 (XI, 3). A. TEISSIÉ-SOLIER et Ce, *à Saint-Affrique et
Roquefort (Aveyron).*

Fromages de Roquefort.

335 (IX, 1). A. AFFRE aîné, *allées Louis-Napoléon, 51, à
Toulouse.*

Fourneaux économiques. — Pompe à double effet.

336 (X, 4). SALZE et BROUILLET, *à Millau (Aveyron.*
Cuirs préparés.

337 (1, »). MASSON fils aîné, *rue de Châlons, 20, à Paris.*
Étain en feuilles.

338 (XII, »). J. LÉON, *rue du Pas-St-Georges, 27, à Bordeaux.*
Échantillons minéralogiques des Landes. — Lin en
filasse provenant de *Lhebesens rosens.* — Eau denti-
frice.

339 (XXIV, 4). BLANZY et Ce, *à Boulogne-sur-Mer.*
Plumes métalliques et porte-plumes.

340 (XII, »). C. MAILLET, *à Bordeaux.*
Dentifrices.

341 (XXV, 5). BESSON frères, *rue du Réservoir, 10, à Bordeaux.*

Chapeaux de feutre et de soie.

342 (IX, 2). P. JAMET, *rue Porte-Dijeaux, 87, à Bordeaux.*

Lustre pour éclairage au gaz.

343 (VI, »). L. GENAUZEAU, *à Fontenay-le-Comte (Vendée).*

Douves sciées à la mécanique (nouveau système).

344 (IX, 4). A. CAUMONT, *rue Richelieu, 54, à Paris.*

Porte, — Serrures, — Refouloirs, — Moteurs, — Coffres électriques. — Sonneries.

345 (X, 4). R. LEGAL, *à Châteaubriant (Loire-Inférieure).*

Cuirs préparés.

346 (X, 2). DE BEAUSOBRE et CADOT, *place Impériale, 51, à Lyon.*

Vernis divers pour voitures et bâtiments.

347 (XXVII, 1). E. MUSSARD aîné, *rue Barbette, 12, à Paris.*

Pianos.

348 (XXVII, 1). A. DEBAIN, *place Lafayette, 24, à Paris.*

Harmonicorde. — Harmonium à percussion. — Piano mécanique et ses accessoires.

349 (XXVII, 1). A. RODOLPHE, *rue Amelot, 64, à Paris.*

Orgues. — Harmoniums.

350 (III, 2). C.-F. BOUILLY fils, *cours d'Albret, 2, à Bordeaux.*

Instruments et machines agricoles, horticoles et de drainage.

351 (XIV, 1). F. CHOLLET, *à Morizes (Gironde).*

Carreaux.

352 (XI, 7). D. MACAIRE, *rue Basse, 10, à Passy, près Paris.*

Fûts de diverses capacités. — Bouteilles de sûreté.

353 (XV, »). J. JACKSON et fils et Cⁱᵉ, *à Saint-Seurin-sur-l'Isle (Gironde).*

Minerais. — Terre réfractaire. — Fontes. — Acier pudlé. — Aciers divers. — Ressorts pour chemins de fer et carrosserie. — Canon en acier fondu.

354 (IX, 2). C. BOUILLY, *cours d'Albret, 15, à Bordeaux.*

Lustres et appareils de chauffage au gaz.

355 (VIII, 1). G. VAISSIER aîné, *cours Napoléon, 48, à Bord.*
Coffres forts. — Balances. — Bascules.

356 (XI, 2). H. VRIGNAUD fils, *à Luçon (Vendée).*
Liqueurs diverses. — Spécialité de cassis et guignolet.

357 (XVIII, 2). G.-H. JONES, *rue de la Franchise, 1, à Bord.*
Vitrages en verres peints.--Carreaux mosaïque incrustés.

358 (III, 2). P.-F. BOIREAU, *à Castillon-sur-Dordogne.*
Instruments aratoires.

359 (XX, 1). MORISSON frères, *à Chef-Boutonne (Deux-Sèvres).*
Droguets, dits de Limoges, et autres tissus.

360 (XII, »). RABIOT, *rue de la Harpe, 35, à Paris.*
Lits mécaniques pour malades.

361 (XXVI, 1). A. LEBLANC, *rue Sainte-Appoline, 2, à Paris.*
Dessins et gravures industriels.

362 (XII, »). M. RIESS, *à Dieuze (Meurthe).*
Gélatines. — Phosphate de chaux. — Savon.

363 (XXIII, 1). BRAQUENIÉ frères, *à Aubusson (Creuse).*
Tapis. — Panneaux. — Tapisseries pour meubles.

364 (1, »). J. BESQUENT, *à Trédion, par Elven (Morbihan).*
Objets en fonte. — Boîtes de roues. — Tuyaux de descente. — Poteries, etc.

365 (XXV, 5). E. VINCENDON fils, *r. Fondaudège, 155, à Bord.*
Chapeaux en tous genres.

366 (VIII, 1). F.-B. DUVIVIER, *à la Texandrie, commune d'Édou (Charente).*
Alcoomètre général.

367 (XXV, 10). P. BERTRAND, *fossés de l'Intendance, 5, à Bordeaux*
Postiches en cheveux.

368 (XIII, »). P. SAUGON, *Impasse Dubois, à Bordeaux.*
Modèle de vaisseau de deuxième rang.

369 (XXIV, 2). J. DESAYES, *rue Porte-Dijeaux, 54, a Bordeaux.*

Meubles en palissandre.

370 (XXIV, 2). F. BARRIÈRE, *rue Sainte-Catherine, 135, à Bordeaux.*

Cadres avec passe-partout.

371 (III 5, et XI, 2). É. NOURIGAT, *à Lunel (Hérault).*

Collections de cocons et soies grèges. — Mûriers sauvages à grandes feuilles. — Tableau synoptique de sériciculture. - · Dessins et ouvrages touchant la sériciculture. -- Vin blanc Mousseux de Lunel.

372 (XI, 2). O. SIEUZAC, *rue Judaïque, 95, à Bordeaux.*

Liqueurs diverses

373 (IX, 1). BOUTIER et Cᵉ, *quai de l'Hôpital, 52, à Lyon.*

Fourneaux et calorifères. — Broche à hélice. — Hydro-extracteur.

374 (XI, 1.) V. FORSANT, *à Saint-Georges-de-Cubillac (Charente-Inférieure).*

Massepains et macarons.

375 (III, 2). J.-A. BOENSEII, *à Kouba, près Alger.*

Ruches à divisions horizontales et verticales mobiles.

376 (XXIV, 2). J. CONTE, *rue des Arts, 5, à Toulouse.*

Chaises et prie-Dieu tournés. — Dessins d'ouvrages tournés.

377 (XI, 2). A. BRAOUÈZEC, *à Morlaix (Finistère).*

Bières. — Liqueurs. — Sirops.

378 (XII, »). F. DUBOIS, *rue Sainte-Catherine, 60, à Bordeaux.*

Pupitre-composteur pour faire écrire les personnes devenues aveugles.

379 (XVIII, 1). C. RAABE et Cᵉ (Compagnie générale des verreries de la Loire et du Rhône), *à Rive-de-Giers (Loire).*

Bouteilles. — Dames-jeannes. -- Verres à vitres blancs et de couleurs. — Gobeletterie fine et ordinaire, etc.

380 (XXV, 11). PAYEMANT et fils frères, *rue Poitevine, 26, à Bordeaux.*

Brosses et pinceaux.

381 (XI, 5). E.-E. MASSET, *rue Sainte-Catherine, 142, à Bordeaux.*

Cafés torréfiés.

382 (XVIII, 3). JEAN-JEAN fils aîné, *à Albi (Tarn).*

Faïence jaune et brune. — Poterie.

383 (XI, 3). G. DAUTHREAU, *rue Arnaud-Vidal, 7 bis, à
Toulouse.*

Papier verré et papier émery.

384 (XVIII, 4). H. ARDANT et Cᵉ, *rue des Augustins, à Limoges.*

Porcelaines blanches et décorées.

385 (XXVII, 1). E. BERGERET, *fossés de l'Intendance, 29, à
Bordeaux.*

Pianos.

386 (X, 1). L.-F. CHEVÈNEMENT, *rue Maucoudinat, à Bordeaux.*

Encres. — Cirages. — Vernis. — Pains à cacheter.

387 (IX, 4). G. MARQFOY, *cours du Jardin Public, 110, à
Bordeaux.*

Appareils électriques pour la sécurité des chemins de
fer. — Appareils télégraphiques.

388 (XXV, 6). SAINTE-ANNE et Cᵉ, *fossés de l'Intendance, 5,
à Bordeaux.*

Gainerie et maroquinerie.

389 (XI, 7). E. PUJOS, *à Caudéran, près Bordeaux.*

Capsules blanches et coloriées.

390 (VIII, 1). F. ROUCHAUD aîné, *rue Notre-Dame, 66, à Bordeaux.*

Compteur hydraulique et robinets.

391 (XI, 3). J. MERCIÉ et DEBAUX, *rue Sainte-Catherine, 219,
à Bordeaux.*

Conserves alimentaires.

392 (XXIV, 2). A. DURAND, *rue Mériadeck, 51, à Bordeaux.*

Un billard.

393 (XXIV, 2). G.-X. MORANCY, *rue Castelnaudoros, 9, à Bordeaux.*

Un fauteuil sculpté.

394 (XIII, 1). FOUGEROL et CHATAGNON jeune, *à Aubusson (Creuse).*

Tapis ras, de plusieurs dimensions.

395 (XXIII, »). J.-L. SERRES, *à Bayonne.*

Bouée de sauvetage pour la marine.

396 (XXVII, 1). F. PREISS, *rue de Navarin, 31, à Paris.*

Un piano droit.

397 (IX, 1). S. CHARLES et C*e*, *quai de l'École, 16, à Paris.*

Buanderie. — Baignoire. — Laveur mécanique. — Calandre portative. — Barattes diverses. — Cordon bleu. — marmite économique.

398 (XI, 2). A.-R. DUTRUC et GRILLAT, *à Grand Lemps (Isère).*

Liqueurs diverses, parmi lesquelles le *Thé au Mandarin* et la *Ruche des Alpes.*

399 (XXV, 3). A. GASNIER, *r. Basse-du-Château, 9, à Nantes.*

Formes et embauchoirs.

400 (XX, 1). LAROQUE et JAQUEMET, *rue Lecoq, 16, à Bordeaux.*

Laines filées, tapis, couvertures.

401 (VI et XI, »). G. ESCOUSSE, *rue Sainte-Catherine, 255, à Bordeaux.*

Modèle de pétrin mécanique.

402 (VIII, 1). J.-D. RAPP, *faubourg Saint-Pierre, 34, à Strasbourg.*

Une bascule nouveau système breveté.

403 (XXVI, 2). F. CANQUOIN, *rue Napoléon, 18, à Marseille.*

Étiquettes de travaux d'art en lithographie.

404 (IV, »). A. BASTIAT, *à Saint-Paul-les-Dax (Landes).*

Moteur hydraulique. — Turbine centrifuge. — Roues à cuves et à cuiller.

405 (XVIII, 3). AVISSEAU père et fils, *à Tours (Indre-et-Loire)*.

Vase à fleurs rustiques, un panier de poissons (faïences émaillées.).

406 (XII, »). J. BAUDASSÉ aîné, *port Juvénal, 24, à Montpellier*.

Sondes chirurgicales. — Bas en baudruche. — Cordes harmoniques pour chapellerie, horlogerie. — Boyaux de mouton pour la fabrication des fleurs. — Outils pour batteurs d'or.

407 (XIV, 1). F.-D. HARDOUIN et fils, *rue Bréda, 26, à Paris*.

Rosaces, panneaux et motifs en carton-pierre.

408 (III, 1). POIREL, Président de Chambre à la Cour Impériale d'Amiens, *à Amiens*.

Projet de Code national et international du Commerce et de l'Industrie. — Projet de Code rural.

409 (III, 2). F. CASSARD et TERROLLE, *quai Baco, à Nantes*.

Machines à battre à manége. — Pressoir à vendanges. — Moulin à vanner. — Coupe-racine et hache-paille.

410 (III, 2). J.-M. TRITSCHLER, *allées des Bénédictins, à Limoges*.

Machines et instruments agricoles.

411 (XI, 2). C. LARBRE, *rue du Marc, 9, à Reims*.

Vin de Champagne blanc mousseux, clos Saint-Basle. — *Id.* rouge mousseux breveté. — Vin de Bouzy rouge non mousseux 1857. — Appareil syphon pour doser et décharger les bouteilles de Champagne.

412 (XXIV, 2). J. BOUZIGUES jeune, *rue Boulbonne, 31, à Toulouse*.

Chaises et tabourets.

413 (XXV, 1). VIGNON, VINSAC frères et LAMARQUE, *rue du Ménage, à Toulouse*.

Vêtements confectionnés à l'usage des classes ouvrières.

414 (VI et V, 0). P. VIVEZ, *rue des Douves, 45, à Bordeaux*.

Soufflets de forge, de tonnelier, de boucher. — Forge volante et articles de petit matériel de chemins de fer.

415 (XIV, 4). ZELLER et Ce, *à Ollwiller, près Soultz (Haut-Rhin)*.

Tuyaux en terre cuite émaillés.

416 (III, 4). J.-A. NAISSANT, *à Agen (Lot-et-Garonne)*.

Engrais. — Insecticides.

417 (XIV, 4). Ch. SEBILLE, *rue Dudrène, 4, à Nantes*.

Tuyaux étamés pour conduites d'eau et de gaz.

418 (VI, »). SCHMERBER frères, *à Mulhouse (Haut-Rhin)*.

Marteau-pilon, système breveté. — Filière à tarauder brevetée.

419 (XXVII, 3). E. HENRY et J. MARTIN, *rue de Rivoli, 73, à Paris*.

Instruments de musique militaire et autres.

420 (XI, 2). A. GAUCHER, *rue Saint-Laud, à Angers*.

Liqueurs, Guignolet.

421 (XXIV, 3). E. COURQUIN, *rue Notre-Dame-de-Nazareth, 25, à Paris*.

Gravures et sculptures sur nacre et camée.

422 (XIV, 1). RELIQUET LÉPERTIÈRE, *à Vannes (Morbihan)*.

Échantillons de chaux.— Engrais provenant de palmier, coquilles et madrépores.—Echantillon de mortier, etc.

423 (VI, »). F. HÉRY, *rue Malbec, 38, à Bordeaux*.

Pétrisseur mécanique breveté.

424 (XXIII, 1). MEAULME et Ce, *rue Poirier, 18, à Bordeaux*.

Tapis, nattes, paillassons, tissus divers.

425 (III, 2). E. BOUISSY, *à Verteuil (Lot-et-Garonne)*.

Charrue à timon raide.

426 (III, 2). J.-H. LAVILLE, *à Verteuil (Lot-et-Garonne)*.

Tuyaux de drainage.

427 (V, 1). L. PELLISSIER, *rue des Ayres, 4, à Bordeaux*.

Modèles de wagons-freins. — Griffe à soulever les fardeaux.—Ustensiles de dessin pour volutes et spirales.

428 (XXV, 2). SAMARAN et Ce, *bouler. des Italiens, 24, à Paris.*
Chemises de luxe.

429 (X, 4). C. KNODERER et Ce, *à Strasbourg.*
Cuirs préparés.

430 (X, 4). E. COURTOIS, *rue Bergère, 26. à Paris.*
Cuirs vernis et autres.

431 (X, 4). MILLION GUIET et Ce (Compagnie des cuirs-toiles américains), *rue Montholon, 26, à Paris.*
Cuirs-toiles américains unis et illustrés.

432 (XIX, 1). H. HÆFFELY fils, *château de Plastatt, près Mulhouse.*
Etoffes pour doublures.

433 (XXIV, 2). V.-F. BLUMBERG, *boulevard Bonne-Nouvelle, 31, à Paris.*
Un billard et ses accessoires.

434 (XXVII, 3). N.-F. MICHAUD, *rue de Sartine, 10, à Paris.*
Instruments de musique en cuivre.

435 (XIV, 2). M. GRAND, *rue du Cherche-Midi, 4, à Paris.*
Ouvrages de menuiserie.

436 (XXVI, 5). A. TOURNACHON jeune et Ce, *boulevard des Italiens, 17, à Paris.*
Epreuves photographiques.

437 (XI, 1). Ve VALLÉE, *rue du Cancera, 3 et 4, à Bordeaux.*
Biscuits de mer.

438 (XII, »). C.-D. REVIL, *rue Saint-Dominique, 13, à Paris.*
Préparations pour cabinet d'histoire naturelle

439 (XVII, 1). ROBINEAU fils, *rue Saint-Louis, 101, à Paris.*
Orfévrerie religieuse.

440 (XIII, 2). L.-F. DEVISME, *boul. des Italiens, 36, à Paris.*
Armes de chasse.

441 (X, 1). COIGNET frères et Ce, *rue Rabelais, 1, à Lyon.*
Allumettes hygiéniques de sûreté.

442 (X, 1). COIGNET père et fils et Cᵒ, *id., id.*

Colles, phosphores, noir animal, suif, gélatine,

443 (XIV, 1). F. COIGNET frères et Cᵉ, *quai Jemmapes, 220, à Paris.*

Blocs de béton aggloméré.

444 (VIII, 1). HAFFNER frères, *passage Jouffroy, 10, à Paris.*

Coffres forts. — Coffrets marqueterie. — Coffrets polis. Serrures et villebrequins.

445 (XXIV, 2). P. SOUTY, *rue du Louvre, 8, à Paris.*

Cadres dorés.

446 (XIII, 2). B. BERINGER, *rue de la Monnaie, 26, à Paris.*

Armes à feu se chargeant par la culasse.

447 (XXV, 3). PICARD frères, *boulevard Sébastopol, 70, à Paris.*

Chaussures pour dames et enfants.

448 (XXV, 4). Vᵉ X. JOUVIN et Cᵉ, *rue de Rougemont, 1, à Paris.*

Ganterie fine.

449 (VI et XXV, »). J. LÉVÊQUE, *à Guîtres (Gironde).*

Coupe-brides à sabots.

450 (XI, 1). A. KARGÈS, *à Duttlenheim, près Strasbourg.*

Amidons, fécules, sagous, tapiocas.

451 (IV, »). STEHELIN et Cᵉ, *à Bestchwiller (Haut-Rhin).*

Locomobile de la force de neuf chevaux.

452 (VI, »). DAT fils frères, *à Saint-Macaire (Gironde).*

Une vis de presse à vin.

453 (XXIII, 1). F. BRIEZ fils, *faubourg Rouville-les-Arras (Pas-de-Calais).*

Étaudelles, tapis en crin, malfile.

454 (XIV, 2). A. PIN, *à Castelnaudary (Aude).*

Peinture hydraulique.

455 (XXIV, 1). NERCAM aîné, *à Fargues, près Langon (Gironde*.

Briques, tuyaux de drainage, globes pour plafonds sourds, coupe-manchons.

456 (VI, ». LANNEBIT et BARRÈRE aîné, *à Vic-Fezensac (Gers*.

Forges. — Régulateur.

457 (III, 2). L. BARON, *à Saint-André de Seignaux (Landes*.

Machine à broyer les épis de maïs et les grains (importation).

458 (XIII, 1). L. BERT et Cᵉ, *rue d'Arès, 112, à Bordeaux*.

Échelle de sauvetage pour incendies.

459 (XXV, 10). J. ALLAIN jeune, *au Bazar Bordelais, à Bordeaux*.

Ouvrages en cheveux.

460 (V, 2). LAUMONNIER et GAUDIN, *impasse de l'Union, 2. à Bordeaux*.

Une caisse de voiture.

461 (X, 4). A. HOUETTE et Cᵉ, *faubourg Montmartre, à Paris*.

Cuirs vernis et grenés.

462 (XXIV, 1). CLÉMENT et MAZEAU, *à Périgueux*.

Autel en marbre, style du XIIIᵉ siècle.

463 (III, 5). L. DE LAMOTHE, *à Périgueux*.

Soie et cocons. — Maïs. — Froments. — Laines. — Sorgho sucré. — Noix. — Tableau comparatif d'une propriété en 1852 et en 1859.

464 (II, »). A. THIBAULT-MESNET, *à Cinq-Mars-la-Pile, près Tours*.

Meules de différents diamètres et de destinations diverses.

465 (III, 2). P.-J.-B.-R. LAFITTE, *à Cerçoux (Charente-Infér.*).

Râteleuse à cheval.

466 (XI, 2. A. BOLOGNESI, *à Saumur (Maine-et-Loire*).

Élixir Raspail et autres liqueurs.

467 (VIII, 2). C. MOREL, *à Morez du Jura, et à Paris, 19, rue des Gravilliers.*

Horloges diverses. — Tournebroches. — Pendules diverses. — Lunettes.

468 (IV, »). A.-F. FRAGNEAU, *rue Saubat, 56, à Bordeaux.*

Quatre machines à vapeur de forces différentes. — Un tour parallèle.

469 (VII, »). A. GLATTARD et C⁰. *à Montauban.*

Régulateur compensateur. — Peignes à tisser. — Lisses métalliques.

470 (XXIV, 1. A.-F. BELLOU, *Petite rue Pont-Long, 50, à Bordeaux.*

Statuaire : Saint Louis, roi de France. — Sainte Germaine de Puibrac. — Tête de Judith. — Un bouquet. — Un ange.

471 (XI, 3. P. CORNILLIER et P. CHAUVEAU, *à Nantes.*

Porc salé. — Bœuf salé et saindoux.

372 (X, 1. A. MONTAURIOL, *quai de la Monnaie, 6, à Bordeaux.*

Graisse végétale et animale. — Huile de pieds de bœuf et de résine.

473 (VIII, 1). FALCOT et C⁰, *à Lyon.*

Bascules et balances.

474 (XXIII, 1). BUSSIÈRE père et fils, *à Aubusson (Creuse).*

Tapis ras. — Tapis brodés. — Pièces de jaspé.

475 (XXIV, 1). FOURNIER DE SAINT-AMANT, *à Villeneuve-sur-Lot.*

Une cheminée en marbre nankin moucheté. — Échantillons de marbres.

476 (XI, 2). J-P.-V. BARABEAU, *à Barbezieux (Charente).*

Liqueurs diverses, parmi lesquelles l'aubépine, liqueur nouvelle.

477 (XXV, 2). C. SILLIMAN, *rue Arnaud-Miqueu, 56, à Bordeaux.*
Chemises.

478 (XXV, 11). A. BIGNONEAU aîné, *aux Fontenelles, commune de Souché (Deux-Sèvres)*.

Articles divers de brosserie.

479 (XI, 3). WILLAUMEZ et DEMENGEL, *à Lunéville (Meurthe)*.

Conserves alimentaires.

480 (XXV, 2). J.-J. HUSSENOT, *à Bar-le-Duc (Meuse)*.

Corsets sans coutures.

481 (XXI, »). MONNIER et GARNIER, *à Nîmes (Gard)*.

Soie écrue, teinte, ouvrée et grège.

482 (IV et II, »). FALGUIÈRE et Cᵉ, *à Marseille*.

Une minoterie complète portative. — Une locomobile à réchauffeur perfectionné.

483 (XI, »). A. MÉGRET, *rue de l'Oratoire, 7 bis, à Nevers*.

Pâte d'extrait de Panama pour le nettoyage des gants de peau. — Limonades gazeuses.

484 (VI, »). BASSIÉ et fils, *rue Ste-Colombe, 40, à Bordeaux*.

Pièces diverses de robineterie pour machines à vapeur.

485 (XXIV, 1). B. JABOUIN aîné, *pl. Dauphine, 11, à Bordeaux*.

Autel en pierre d'Échallat (Charente), style Louis XIII. — Autel style Louis XIII. — Statue style du XIVᵉ siècle. — Piscine. —- Bénitier en marbre.

486 (II, »). L. CHOLLET-CHATET, *à Blois*.

Meules de moulin.

487 (XIV, 1). Le marquis DE ROLLAND, *à Preignac (Gironde)*.

Briques diverses et à moulures, carreaux, tuiles, drains.

488 (XXVI, 1). C. LOIZEAU, *chemin d'Arès, 89, à Bordeaux*.

Dessins topographiques.

489 (XXV, 10). H. GOUA, *rue de la Cathédrale, 12, à Carcassonne*.

Postiches en cheveux.

490 (II et XI, »). CABANES et J.-B. ROLLAND, *quai de Paludate, 51, à Bordeaux*.

Produits divers de minoterie. — Moulin à moudre le blé.

491 (XX, 1). DAUDIER père et fils, *à Orléans*.

Couvertures de laine.

492 (X, 5). A. MARÇAIS, *rue Boisnet, 19, à Angers*.

Articles de voyage et d'habillement en toile imperméable.

493 (XIV, 4). H. TROTTIER, *rue Saint-Maurille, 5, à Angers*.

Lanterne municipale. — Pompe à incendie. — Borne-fontaine.

494 (VI, »). TROTTIER frères, SCHWEPPÉ et Cᵉ, *rue Saint-Maurille, 3, à Angers*.

Machine à fabriquer les tuyaux. — Tuyaux en bois pour conduites d'eau ou de gaz. — Espaliers, tuteurs, etc., préparés.

495 (XVI, 2). J. MONMOUCEAU fils, *rue Tudelle, 18, à Orléans*.

Limes et râpes.

496 (XXIV, 3). J. FRADELLE, *ruette Lambert, à Bordeaux*.

Statue de la Vierge en bois de Nerva. — Buste de saint Bruno en pierre de Rangan.

497 (XX, 1). Vᵉ VILLENEUVE, née DOITE, *à Bagnères-de-Bigorre*.

Sortie de bal et couvre-pieds en tricot de laine.

498 (IV, »). SUÈRES et A. BARBOT, *rue du Port, 11, à Bordeaux*.

Machines à vapeur à haute pression.

499 (XXV, 13). A. BARTHIER, *à Mazères (Haute-Garonne)*.

Papiers à cigarettes.

500 (XIV, 1), C. LARIVIÈRE, gérant de la Commission des ardoisières d'Angers, *à Angers*.

Ardoises et pierres d'ardoises de toutes formes. — Applications diverses.

501 (XXIV, 2). A. MERLET, *rue Capdeville, 14, à Bordeaux*,

Corbeilles à fleurs.

502 (XXV, 13). I. JAVOLE, *à Mazères (Haute-Garonne)*.

Papier à cigarettes.

4

503 (X, 4). A. et L. LESSANCE jeune, *rue du Hautoir, à Bordeaux.*

Cuirs préparés.

504 (VI, »). J. PHILIPPE, *rue des Ayres. 15, à Bordeaux.*

Vis de pressoirs à vin.

505 (XIII, 0). J. JANNESSE, *rue Tour-de-Gassies, 5, à Bordeaux.*

Modèle d'hélice (système nouveau) sur une coque de navire de construction mixte. — Trois systèmes de fermeture de la cage de l'hélice.

506 (III, 4). Vᵉ SALLES et Cᵉ, *rue Puy-Paulin, 10, à Bordeaux.*
Blé obtenu au moyen de l'eau; céréale végétative.

507 (XX, 1). L. HUSSON-LABICHE, *à Chartres (Eure-et-Loir).*

Bas, chaussons et chaussettes en laine.

508 (XI, 1). M. DEVILLECHENOUS et BLANC fils, *à Bergerac (Dordogne).*

Vermicelle et amidon.

509 (XXIV, 2). M. CROLLIN, *rue Mandron, 14, à Bordeaux.*

Meubles divers en noyer, nerva et sapin.

510 (XVIII, 1). J. et A. LESPINASSE frères, *route de Bayonne. 120, à Bordeaux.*

Verreries et cristaux en matières du pays.

511 (III, 3). LA COMMUNE DE LABOUHEYRE (Landes).

Produits de l'agriculture et de l'industrie des Landes.

512 (XX, 1). H. DELPECH, *rue du Cloître, 17, à Bordeaux.*

Couvertures de coton et molleton.

513 (VI, »). J. BUGUET, *rue Tanesse, 15, à Bordeaux.*

Machine à hacher.

514 (III, 2). TESTRAIS, CARLIER et BOISNEAU, *à Chatellerault (Vienne).*

Manège-locomoteur et batteuse pour les grains.

515 (X, 4). CHÉROUX frères et Cᵉ, *rue de Genève, 45, à Angoulême*

Courroies mécaniques simples et doubles. — Trait pour harnais.

516 (XI, 6). S. ROUCHIER fils aîné, *à Ruffec (Charente)*.

Biscuits, façon de Reims.

517 (IX, 1). E. THOREL et C*, successeurs de G. Laury, *rue Tronchet, 29, à Paris*.

Fourneau économique. — Calorifères.

518 (X, 4). A. GUERLIN-HOUEL, *à Grenelle (Seine)*.

Cuirs vernis.

519 (XI, 5). E. GRELLET, *rue Mazagran, 16, à Paris*.

Chocolatières françaises de ménage. — Lampes à esprit de vin.

520 (VI, »). J.-M. HERDEVIN, *rue du Grand-Saint-Michel, 11, à Paris*.

Robinets divers. — Appareils de sûreté pour machines à vapeur.

521 (X, 3). F.-D.-P.-J. CABASSOL, *rue Chaussée d'Antin, 15, à Paris*.

Papiers de correspondance.

522 (VI, »). P. BELICARD, *chaussée des Martyrs, 10, à Montmartre (Seine)*.

Fausset hydraulique.

523 (VI, »). M.-S. CHALOPIN, *à la Chapelle St-Denis (Seine)*.

Machine à boucher les bouteilles.

524 (XX, 1). PEPIN-VEILLARD, *à Orléans (Loiret)*.

Couvertures de laine.

525 (XXIII, 1). J. BOUJASSON, *route de Saint-Médard, à Caudéran (Gironde)*.

Nattes en jonc.

526 (XXV, 9). BERNHEIM-KINSBOURG, *à Remiremont (Vosges)*.

Fleurs artificielles.

527 (XXV, 5). J. PETIT, *rue Duplessis, 14, à Bordeaux*.

Chapeaux de feutre et de soie.

528 (XXVII, 1). P. MARTIN, *rue de la Pomme, 72, à Toulouse*.

Pianos divers.

529 (X, 3). FOUCAULT et Ce, *à Birmandraïs, près Alger*.

Palmier nain effiloché, préparé pour la fabrication du papier.

530 (VIII, 2). J. LAURENDEAU et D. GUIGNON, *rue de Cheverus, 5, à Bordeaux*.

Horloges publiques. — Moteur électrique.

531 (XXIII, 1). H. MERSERON, *rue Naujac, 58, à Bordeaux*.

Nattes imitation foulard.

532 (XI, 3). J. FITON aîné, *rue Sainte-Catherine, 45, à Bordeaux*.

Conserves alimentaires.

533 (XXI, »). F.-F. DUCOSTÉ, *rue Entre-deux-Places, 72, à Bordeaux*.

Robes de soie teintes à neuf.

534 (XI, 1). MARTIN aîné et CROS, *rue Lagrange, 94, à Bordeaux*.

Pâtes alimentaires.

535 (III, 2). N. ROUGHOL, *rue Bouquière, 25, à Bordeaux*.

Soufflets à soufrer.

536 (VI et XI. »). RABOISSON et Ce, *rue Leyteire, 16, à Bordeaux*.

Pétrins mécaniques de diverses dimensions.

537 (XIV, 2). G. BERT aîné, *cours de l'Impératrice, 197, à Bordeaux*.

Persiennes et volets en fer.

538 (IV, »). C. DIETZ, *quai de Paludate, 11, à Bordeaux*.

Machine à vapeur horizontale, à moyenne pression. — *id.* à cylindre oscillant.

539 (XI, 2). J. MASSIOU-MAGNÉ, *à Saintes (Ch.-Inférieure)*.

Liqueurs diverses.

540 (VI, »). J. MOREAU, *rue La Fontaine, 59, à Bordeaux*.

Formes de raffinerie.

541 (XI, 2). COMBIER-DESTRE, *rue Beaurepaire, à Saumur (Maine-et-Loire)*.

Liqueurs diverses.

542 (IX, 1). C. VENANT, *à Orléans.*

Appareil pour aérer les étables. — Ventilateur fumifuge.

543 (XVII, 3). B. FAGET, *rue Salpétrière, 2, à Bordeaux.*

Ouvrages divers en fer repoussé ou ciselé.

544 (X, 1). P. METGÉ, *à Fendeille, près Castelnaudary.*

Allumettes *dites* de sûreté.

545 (XIV, 2). J. BUISNEAU, *rue du Collége, 55, à la Flèche.*

Casier en fer pour bouteilles.

546 (VIII, 1). MURE, père et fils, *quai de l'Hôpital, 56, à Lyon.*

Mesures en fer pour liquides.

547 (I, »). J. DE BONNE, avocat, *rue Vinaigre, 17, à Toulouse.*

Minerais de cuivre, de plomb argentifère, de manganèse,
de zinc, de fer, de terre réfractaire et marbres des
gisements de l'Hérault.

548 (IX, 3). E. TAFFANEL, *à Narbonne (Aude).*

Bougies et cierges.

549 (VIII, 2). C. GAULTIER, *place Louis-Napoléon, à Toulouse.*

Caisses de pendules à poids.

550 (VIII, 1). P. MERLATEAU, *quai des Chartrons, 25, à Bordeaux.*

Silomètre différentiel.

551 (III, 4). P.-F. BAGNEAU, *à Castres (Gironde).*

Engrais végéto-minéral.

552 (XI, 2). B. BRUN, PÉROD et Cⁱᵉ, *à Voiron (Isère).*

China-China (liqueur spéciale).

553 (X, 1). J.-L. AUMÉRAS et Cⁱᵉ, *avenue Feuchères, 1, à
Nîmes.*

Savons.

554 (X, 2). M. ZIMMERMANN, *rue Leyteire, 30, à Bordeaux.*

Vernis divers.

555 (XI, 1). TRÉNIS fils, *place Fondaudège, 16, à Bordeaux.*

Biscuits de mer.

556 (V, 2). B. CLÉMENT, *place Dauphine, 11, à Limoges.*

Colliers d'attelages.

557 (VI, »). A. DE COSTER, *rue Stanislas, 9, à Paris.*

Turbine pour le claircage des sucres.

558 (I, »). P.-A. MORLIÈRE père, *usine de Berdoulet, commune de Foix (Ariége).*

Fer brut, tordu à froid, feuillard et pelles à terre de toutes sortes.

559 (III, 4). L. CHABERT, *rue Neuve, 20, à Bordeaux.*

Enduit antilimacique.

560 (XV, 11). J.-D. POINSIGNON, *rue des Moulins, 37, à Belleville-les-Paris.*

Peignes et tabletterie.

561 (XIV, 2). A. LOLIVIER fils, *rue Sainte-Eulalie, 7, à Bordeaux.*

Escalier.

562 (XIII »). R. FASILEAU-DUPLANTIER, *rue de Fleurus, 25, à Bordeaux.*

Feutre pour doublage de navires.

563 (XI, 1). BACHAN-BERTRIN et Cⁱᵉ, propriétaires de l'étampe CHAUMEL et Cⁱᵉ, *à Laubardemont, sur l'Isle (Gironde).*

Farine-minot étuvée. — Eau-de-vie à 68° bon bois 1858.

564 (V, 2). A. DESCOINS, *cours de Tourny, 61, à Bordeaux.*

Deux voitures.

565 (V, 2). H. LEGROS jeune, *rue de la Trésorerie, 125, à Bordeaux.*

Caisses de voitures.

566 (XIV, 2). J.-L. GARDE, *rue Saint-Nicolas, 44, à Bordeaux.*

Pièce de plancher, tôle et bois. — Pontrail, même système.

567 (XVIII 4). C. DE VENDEUVRE, *à la Roche aux Loups (Loire-Inférieure).*

Moitié d'étuve-four, au quart de grandeur, pour produits céramiques. — Presse à rebattre les briques. — Filière à drains, creusets, grès, poterie, etc.

568 (X, 2). L. DUNÈGRE, *rue Pavie, 2, à Lyon*.

Applications de son vernis, *dit* vernis-porcelaine.

569 (X, 1). E. TOURNIER, *rue Saint-Sauveur, 51, à Paris*.

Encres de toutes natures.

570 (XXVII, 1). E. CHALLIOT et GARBÉ, *rue Saint-Honoré, 554, à Paris*.

Pianos droits et obliques.

571 (XXVII, 1). CHALLIOT, *rue Saint-Roch, 11, à Paris*.

Outils et pièces détachées pour grandes orgues.

572 (XVII, 1). L. BACHELET, *quai des Orfèvres, 58, à Paris*.

Orfèvrerie d'église.

573 (XIII, 2). P. SERMENSAN, *quai Bourgogne, 52, à Bordeaux*.

Fusils et pistolets.

574 (VI, XI et XIII, »). L. PRIVAT, *passage Sainte-Colombe, 4, à Bordeaux*.

Appareil perfectionné pour la fabrication des rhums. — Pompes de cales. — Pompes élévatoires pour sucreries et distilleries. — Cuisines de bord. — Foudres en tôle.

575 (XX, 1). DÉBIA frères et FERBEYRE, *à Montauban*.

Draperie commune, laines cardées et laines peignées par le procédé Collier.

576 (X. 3). DAVID frères, RAIMON et Cⁱᵉ, *à Maslacq, près Orthez (Basses-Pyrénées)*.

Papiers.

577 (XIV, 4). VERSET aîné, *Haute Grande Rue, 15, à Nantes*.

Pompes ascendantes à régulateur rationnel. — Tuyaux de conduite en zinc cannelés.

578 (XIV, 1). A. GUIRAUD et fils, *à Trèbes, près Carcassonne*.

Carrelage gothique en terre cuite. — Carreaux vernis.

579 (VIII, 1). LETHUILLIER-PINEL, *à Rouen*.

Flotteur indicateur magnétique du niveau d'eau des chaudières à vapeur, avec sifflets, manomètre et soupape de sûreté. — Sifflet à quatre cylindres à sons gradués. — Indicateur du vide pour condenseur.

580 (**XI**, 4). A. VOISIN, *à Chinon (Indre-et-Loire)*.

Vinaigre.

581 (**XII**). M.-G. JOUET, *rue du Pas-Saint-Georges, 12, à Bordeaux*.

Instruments de chirurgie. — Coutellerie.

582 (**X**, 1). C.-F.-A. LATRY, *rue du Théâtre, 46, à Grenelle, près Paris*

Blanc de zinc en poudre. — Blancs broyés. — Cardes et papiers porcelaine. — Objets divers. — Bois durci.

583 (**VII**, »). LÉCUYER, *rue des Trois-Couronnes, 7, à Paris.*

Un rouet dit pelotteuse.

584 (**XVII**, 3). M. BOUSQUET, *rue du Musée, 9, à Toulouse.*

Moulures, baguettes, plateaux, tôle et cuivre repoussés. — Médailles.

585 (**X**, 1). J.-J. AUBRESPY-LAUTIER, *à Montagnac (Hérault).*

Soufre trituré, belle 2me.

586 (**X**, 3). Le Vte DE SEDAIGES, *à Clermont-Ferrand.*

Papiers divers.

587 (**VIII**, 2). M. ANQUETIN, *rue Neuve Saint-Eustache, 45, à Paris.*

Montres, pendules et cadrans.

588 (**VII**, »). J. BAILE fils, *rue Romarin, 17, à Lyon.*

Peignes d'acier pour le tissage de la soie et des gazes métalliques.

589 (**IX**, 3). J. VIDAL, *à Cannes (Aude).*

Cierges pincés et unis. — Cire en plaques et en grains.

590 (**XIV**, 1). F. AYNIÉ, *à Saint-Paul de Garrat (Arriége).*

Plâtre moulu et pierre à plâtre.

591 (**XXIV**, 2) J. CRICQ, *rue Louis-Napoléon, 16, à Toulouse.*

Ébénisterie sculptée. — Dressoir et bibliothèque.

592 (**XXIV**, 2) E. BOUNAUD, *place des Quinconces, 16, à Bordeaux.*

Ébénisterie d'art. — Buffet dressoir. — Bonheur du jour à bibliothèque.

593 (VI, »). **RENIS** et **MONIÉ**, *boulevard Saint-Aubin, 50, à Toulouse.*

Tuyère verticale brevetée.

594 (XIII, »). **L.-F. LEMIÈRE**, *rue des Portanets, 12, à Bordeaux.*

Étoupes pour calfatage de navires.

595 (X, 1). **L.-A. GOURSSEAU** fils frères, *à Pessac et Bègles, près Bordeaux.*

Graisse à piston. — Graisse pour boîtes de roues de wagons. — Graisse à voitures.

596 (XIV, 1). **M.-V. BRIAND**, *à Cellettes (Charente).*

Mortier de chaux à l'eau de mer. — Mortier de chaux à l'eau douce. — Poudre calcaire naturelle. — Chaux en pierre.

597 (XI, 2). **J. CUZOL**, *négociant à Saint-Georges, propriété des Granges de Terride (Gers).*

Vin rouge de 1858.

598 (XXVI, 3), **BOUREAU** et fils, *cours de Tourny, 45, à Bordeaux.*

Ouvrages reliés.

599 (XXV, 5). **J. RATEAU**, *rue Fondaudége, 76, à Bordeaux.*

Chapeaux de feutre et de soie.

600 (XX, 2). **M. MIEG** et fils, *à Mulhouse.*

Draps et étoffes diverses.

601 (XXVI, 5). **J. JAMIN**, *rue Chapon, 14, à Paris.*

Appareils de photographie, objectifs à cône centralisateur.

602 (XXV, 6). **G. DUPY**, *rue Porte-Dijeaux, 34, à Bordeaux.*

Gilet de voyage, dit *coffre-fort de sûreté.*

603 (X, 1). **DUCASSE** frères et Cᵉ, *rue Sainte-Colombe, 4 et 6, à Bordeaux.*

Cristaux et crèmes de tartre. — Bois triturés de diverses sortes.

604 (XI, 1). **F. TOUZANNE**, *rue de Lormont, 21, à Bordeaux*

Biscuits de mer.

605 (XVII. 2). P. DELAPORTA, *rue de la Fusterie, 20, à Bordeaux*.

Objets divers argentés, dorés ou cuivrés par le galvanisme.

606 (XXV, 10). V.-P. FERRON, *rue Sainte-Catherine, 72, à Bordeaux*.

Postiches en cheveux.

607 (XI, 2). D. CAILLE, *à Pérignac (Charente-Inférieure)*.

Vin blanc et vin rouge, dit *vin fin impérial Caille*.

608 (VI, »). CHEVREAU-LORRAIN, *à Saumur (Maine-et-Loire)*.

Seaux et arrosoirs en métal foncés en bois. — Distributeur de cartes de commerce. — Bouche-bouteille perfectionné.

609 (XI, 3). P.-A. LACAVE aîné, *rue de la Rousselle, 15, à Bordeaux*.

Huile d'olive, huile de colza et conserves alimentaires.

610 (XI, 2). GRANGE et BONNAL, *rue Maucoudinat, 14, à Bordeaux*.
Liqueurs diverses.

611 (XIV, 2). MIREAU père, *cours Cicé, 56, à Bordeaux*.

Serrures diverses pour meubles et bâtisse.

612 (IX, 4). C. DUBOS, *rue Sainte-Catherine, 168, à Bordeaux*.

Moteurs électriques. — Appareils magnéto-électriques appliqués à la médecine.

613 (XIV, 4). A. JALOUREAU et Cᵉ, *route d'Asnières, 115, à Clichy (Seine)*.

Tuyaux en papier bitumé.

614 (XIV, 2). L. GUIOT-LALIGANT, *rue de l'Ételon, 18, à Orléans*.

Stores en fer et bois pour croisées et devantures.

615 (X, 4). H. SUSER, *à Nantes*.

Cuirs préparés et chaussures.

616 (XXII, »). CHÉROT et Cᵉ, *à Nantes*.

Fils de chanvre et lin. — Ficellerie. — Toiles à voiles.

617 (XI, 5). V.-A. POULAIN, *à Blois (Loir-et-Cher)*.
Chocolats.

618 (IX, 3). LACOMBE frères, *à Libourne (Gironde)*.
Cierges. — Bougies. — Liqueurs.

619 (XXII, »). THÈZE et LACOMBE, *cours Saint-Jean, 181, à Bordeaux.*
Corderie. — Etendelles et escortins.

620 (XVI, 2). G. ABEILLOU, *place du Salin, 16, à Toulouse*.
Outils de menuiserie brevetés.

621 (X. 1). FOURNET et COUTANCEAU, *cours de l'Impératrice et rue Pierre, 27, à Bordeaux.*
Produits chimiques.

622 (XI. 2). LAVAILL-GANNEAU, *à Orléans*.
Liqueur *Béranger* et Curaçao.

623 (XIII, »). J. CLAVIÈRES, *à Paris*.
Modèle d'un gouvernail dit *le Sauveteur*.

624 (XXV, 13). P. CAVAILLEZ, *à Carcassonne*.
Papier à cigarettes.

625 (XXVI, 5). H. MAZAC, *à Villeneuve-sur-Lot*.
Épreuves photographiques.

626 (XI, 3). P. DUTAUT, pharmacien. *rue Esprit-des-Lois, 18, à Bordeaux.*
Conserve analeptique alimentaire.

627 (XI, 1). J. MILLIAC aîné, *au Moulin d'Ars, près Bordeaux.*
Alcool rectifié et plan d'appareil.

628 (XXIV, 2). BIÉS fils aîné, *rue des Boucheries, 10, à Bordeaux.*
Corbeille et panier.

629 (XXII, »). P.-G. LAFAYE, *rue du Saujon, 13, à Bordeaux.*
Cordages en chanvre et en fil de fer.

630 (XXIV, 3). E. FOUROT-LAMBERT, *rue Royale-Saint-Honoré, 19, à Paris.*
Articles de Paris : bijoux, tabletterie, porte-plumes, imitation de bois sculpté.

631 (XVII, 2). H. DUPONCHEL, *rue St-Augustin, 47, à Paris.*
Orfévrerie.

632 (IX, 2). J.-A. HUBERT fils, *rue Thorigny, 4, à Paris.*
Lustres et appareils pour le gaz.

633 (IX, 2). J.-L. HADROT jeune, *rue Martel, 6, à Paris.*
Lampes et bronzes.

634 (III, 2) P. RATEL, *rue de Saintonge, 8, à Paris.*
Semoir pour toute espèce de grains.

635 (XXVI, 5). H. DE LA BLANCHÈRE, *boulevard des Capucines, 39, à Paris.*
Épreuves photographiques.

636 (XXVII, 3). M.-A. RAOUX, *rue Serpente, 9, à Paris.*
Instruments de musique.

637 (XXVII, 3). J.-C. LABBAYE, *rue du Caire, 17, à Paris.*
Instruments de musique en cuivre.

638 (X, 2). J.-B. PATRIER, *à Poitiers.*
Couleurs et vernis.

639 (XI, 1). B. COURRÉGELONGUE, *rue Saint-Pierre, 18, à Bordeaux.*
Baignoire en cuivre et son cylindre.

640 (XVI, 4). L. CAVÉ, *rue des Faures, 64, à Bordeaux.*
Échantillons de dorure sur étamage de glaces.

641 (XIV, 2). J.-B. DUCLOS et P. JUDE, *rue d'Arès, 112, à Bordeaux.*
Lucarnes et lanternes en verre bombé.

642 (X, 4). A. ROQUES, *à Montpellier.*
Cuirs et peaux préparés.

643 (VIII, 2). J.-M. BARTHIER, chanoine, directeur de la Maison correctionnelle d'éducation de Toulouse, *rue des Trois-Ponts, 44.*
Grosse horlogerie.

644 (XXIII, 1). MARTIN-DELACROIX, *rue Sainte-Marguerite-Saint-Antoine, 24, à Paris.*
Toiles cirées.

645 (XXVI, 2). H.-D. CHARPENTIER, *rue de la Fosse, 32, à Nantes, et quai Conti, 3, à Paris.*

Spécimens d'éditions de luxe, d'impressions lithographiques et typographiques, artistiques et industrielles, d'affiches et de reliures.

646 (III, 4). BOUVAREL, *cours Bourbon, 62, à Lyon.*

Poudre insecticide.

647 (III, 2). REBEL et DEMAUX, *à Moissac (Tarn-et-Garonne).*

Machines à nettoyer les blés.

648 (XIV, 2). P. MAYBON et C. BATISTE et Cᵉ, *rue des Renforts, à Toulouse.*

Parquets façonnés, et massifs; jalousies, système breveté.

649 (XI, 2). ACCARIAS et FÉROTIN, *à Grenoble.*

Liqueurs diverses.

650 (XI, 2). C. ROUSSEAU, *à Saint-Pierre (Martinique).*

Rhums et tafia.

651 (XXV, 5). J. MARAVAL, *à Albi (Tarn).*

Chapeaux de feutre.

652 (XXIII, 1). P. CAMELLOT, *rue du Manége, 39, à Bordeaux.*

Nattes et sparterie.

653 (XXII, »). J.-L. FOURNET, *à Lizieux (Calvados).*

Toiles et fils.

654 (XII, »). J. ESPERON, *place Fondaudége, 22, à Bordeaux.*

Préparations pharmaceutiques et de toilette.

655 (XXIV, 2). **J. CLAUZEL,** *cours du Jardin-Public, 8, à Bordeaux.*

Billard et son porte-queue en chêne.

656 (XII, »). G. MEYNET, pharmacien, *rue de Lorette, 1, à Lyon.*

Biscuits purgatifs à la résine pure de scammonée.

657 (I, »). CASTAIGNA, pour la Société des mines du Lot, *place des Quinconces, 13, à Bordeaux.*

Houilles et calamines provenant des environs de Figeac.

658 (**XXV**, 8). **L. FAGÈS**, *rue Argenterie, 5, à Montpellier.*

Boîtes à graisser les fusées des essieux de wagons et de locomotives.

659 (**XIV**, 1). **C. DEMARLE** et C*ᵉ, à Boulogne-sur-Mer (Pas-de-Calais).*

Briques d'essai en ciment de Portland.

660 (**XX**, 1). **PEQUIN** frères, *à Hucheloup, en Cugand (Vendée).*

Laine filée.

661 (**XXIV**, 1). **L. GÉRUZEZ**, *à Bagnères de Bigorre.*

Cheminées, étagères, tables et autres articles en marbres des Pyrénées.

662 (**XVI**, 3). **E. THOMAS** aîné, **E. RIVAUD** et C*ᵉ, à Touvre près Angoulême.*

Pelles à terre. — Poêles à frire. — Essieux de voitures

663 (**XXV**, 5). **A. TOSCAN** et C*ᵉ, au Bouscat, près Bordeaux.*

Poils, bastissages et chapeaux par procédés mécaniques.

664 (**XXV**, 13). **VITAL SCIPION**, *à Castres (Tarn).*

Papiers à cigarettes.

665 (**XVI**, 1). **N. HUSSON**, *rue Saint-Rémy, 63, à Bordeaux.*

Meubles en fer.

666 (**XI**, 3). **J. FAU**, *quai des Chartrons, 5, à Bordeaux.*

Prunes conservées.

667 (**XIV**, 1). **G. LARRIEU**, *à Cubzac (Gironde).*

Tuyaux de drainage et briques creuses.

668 (**XI**, 3). **J. MARTIN DE LIGNAC**, *à Malevade, près Guéret (Creuse).*

Lait concentré. — Bouillon concentré. — Viandes comprimées.

669 (**IX**, 2). **BLAZY-JALLIFFIER**, *rue Galande, 51, à Paris.*

Appareils d'éclairage pour phares et chemins de fer.

670 (**XXVII**, 1). **BRESSLER** fils, *rue Francklin, 20, à Nantes.*

Pianos à cordes obliques et pianos à cordes verticales.

671 (XIII). H. LATOUR, *au Vigean, près Bordeaux.*

Étoupes pour le calfatage des navires.

672 (XXV, 3). J. MARCONOT, *faubourg du Fourneau. à Belfort (Haut-Rhin).*

Sabots.

673 (X, 3). C.-G. LABOUREAU et Cᵉ, *à la Couronne, près Angoulême.*

Papiers et toiles.

674 (X, 2). C. MUSEUR, *rue Saint-Vivien. 74, à Rouen.*

Vernis divers pour cuirs et voitures.

675 (XIV, 1. L.-J. BRIAN, *à Bergerac (Dordogne).*

Pierre à plâtre et plâtre moulu.

676 (XI, 2). V. FOUCHÉ, *à Saint-Pierre (Martinique).*

Liqueurs diverses des îles.

677 (VIII, 1). L. SAGNIER, *à Montpellier, à Paris, à Bordeaux, à Lyon et à Marseille.*

Pont à bascule de 8,000 kil. — Bascule de 500 kil. — Romaine de 20 kil. — Romaine de 120 kilog.

678 (III, 3). J. DE DIEU PENENT, *barr. de Muret, à Toulouse.*

Toisons de laine.

679 (XI, 4). LEGEY cadet, *à Verdun, sur le Doubs.*

Vinaigres et moutardes.

680 (III, 2. E. PAVY, *ferme de Girardet, près Henri-le-Roi (Indre-et-Loire).*

Grenier conservateur pour le blé.

681 (XXIV, 2). L. BÉGUÉ, *à Carcassonne.*

Placages en bois indigènes du département de l'Aude.

682 (XX, 1). E. VILLE-CHAVANON et fils, *à Cours (Rhône).*

Couvertures de coton et de déchets.

683 (XXIV, 2. A. GALLAIS, successeur de la maison Osmont, *impasse Saint-Sébastien, 8 et 10, à Paris.*

Meubles façon laque.

684 (XVIII, 4. J. ROBILLARD, *rue Montmorency, 41, à Paris.*

Émaux.

685 (III, 2 . P. LAVAUX, de Poitiers, *hospice des Quinze-Vingts, à Paris.*

Articles divers en bois fabriqués par des aveugles.

686 (XVII, 2). A. GUEYTON, *rue d'Alger, 10, à Paris.*

Orfèvrerie, bijouterie, joaillerie artistique et galvanoplastie.

687 (XI, 1), P. MIGEON jeune, *à Baignes Sainte-Radegonde (Charente).*

Massepains.

688 (I, »). B. VAYSSIÈRE fils, *à Villefranche (Aveyron).*

Coupes en cuivre.

689 (III, 2). RICHIER, *au château de Ludon (Médoc).*

Charrues de son invention pour chausser et déchausser les vignes, fabriquées par M. Boyries, forgeron à Soussans.

690 (XVIII, 3). HUGON, LANGLARD et Cᵉ, *à Nans-sous-Sainte-Anne (Doubs).*

Fontaine, groupe statue, assiettes en porcelaine dite *cailloutage.*

691 (I, »). J.-A. FERRÈRE, *à Seix, arrondissement de Saint-Girons (Ariège), et à Paris, rue Las Cases, 10.*

Coke. — Plomb argentifère, zinc. — Cuivre et houille.

692 (XI, 1). J. OLIBET jeune, *rue du Pas-Saint-Georges, 17, à Bordeaux.*

Biscuits de commerce et de luxe.

693 (XI, 2). J.-B. VIEULES fils, *à Gaillac (Tarn).*

Vins mousseux obtenus à l'aide des vins de Gaillac.

694 (VI et XXVI, 3). F. COURENQ, *rue des Tourneurs, 11, à Toulouse.*

Machine à régler, et registres reliés.

695 (XVI, 2). L. ALLAGNOU, *à Saint-Loubès (Gironde).*

Sécateurs divers. — Échenilloir.

696 (XIV, 1). Mᵐᵉ C. BRIOT, née DÉTROIS, *faubourg Saint-Pierre, 105, à Nancy,*

Ornements d'architecture en mastic Détrois.

697 (XXV, 13). P. BELLOUGUET fils , *à Toulenne , près Langon (Gironde)*.

Papier à cigarettes.

698 (IX, 3). L. GONTIER-LALANDE, *à Castelnau (Médoc)*.

Cire blanche pure.

699 (XI, 3). L. ROUSSELOT, *à Aigrefeuille , moulins de Renzard (Loire-Inférieure)*.

Orge perlé.

700 (III, 2). A. DEZAUNAY, *rue Deurbrouck, 4, à Nantes*.

Manége et machine à battre. — Pressoirs et fouloirs de vendange.

701 (II, »). CHASSAING, PEYROT et Cᵉ, *à Domme (Dordogne)*.

Meules à moulins.

702 (XXIV, 2). G. ANNET fils, *rue Mériadeck, 89, à Bordeaux*.

Fauteuils et chaises.

703 (XII, »). C. PICHON, *cours Champion, 57, à Bordeaux*.

Préparations d'histoire naturelle.

704 (III, 3). Les héritiers SLAWESKI, *à Saint-Denis (île de la Réunion)*.

Vanille.

705 (III, 3). J. DE VILLAINE, *à St-Denis (île de la Réunion)*.

Vanille.

706 (III, 3). TURPIN DE MOREL, *à St-Denis (île de la Réunion)*.

Vanille.

707 (X. 1). L. FAURE, *à Lille, section Wazemmes (Nord)*.

Plomb oxydé en pains, en poudre et broyé à l'huile.

708 (VI, »). A. CAMION, successeur de CAILLET frères, *à Vrigne-au-Bois (Ardennes)*.

Enclume bigorne. — Marteau.

709 (XXV, 1). J. CLAVELLE, *place du Palais, 5, et cours Napoléon, 95, à Bordeaux*.

Confections pour dames.

710 (XIV. 2). RUCHET et Cᵉ, *rue de Flandres. 55. à Paris*

Chalet. - - Parquets.

711 (XVIII. 1). G. BOUYSSOU, *rue de la Monnaie, 29. à Bordeaux.*

Bateau en bois dans une carafe.

712 (XXIV. 2). E. SANGLIER, *rue Basse du Rempart. 18, à Paris.*

Corbeilles et articles divers de fantaisie en vannerie.

713 (XXI, »). C. TIVET, *rue de Paris. 7. à Saint-Étienne.*

Rubans. — Velours. — Soie.

714 (XXIV, 2). J. MOUSTEY, *à Eysines, près Bordeaux.*

Table rustique et corbeilles.

715 (XI, 3, V et X). F. LECOQ, *à Nemours (Seine-et-Marne).*

Appareils à raisins. — Lanterne de voiture. — Huile bitumée.

716 (VIII, 1). J.-A. CATENOT-BÉRANGER et Cᵉ, *cours Marand, 59. à Lyon.*

Ponts à bascules, bascules portatives et balances diverses.

717 (XI, 6). Mᵐᵉ C. JUIF, née PROST, *à Baume-les-Dames (Doubs).*

Pâtes de pommes et de coings.

718 (VIII, 1). J. JEANNEL �, D. M. P., *rue des Trois-Conils. 55, à Bordeaux.*

Aréomètre de son invention.

719 (XIII, 3). LOISONS aîné, *à Morlaix (Finistère).*

Mouches artificielles pour la pêche de la truite et du saumon.

720 (I, »). R. DESTREM et Cᵉ, *rue de Bourgogne, 57, à Paris, et rue de Berry, 49, à Bordeaux.*

Métaux et minerais d'or, d'étain, de Wolfram, de plomb et d'argent.

721 (XIV, 3). C. PILLET, *à Toulouse, en face le canal.*

Décoration au polychrome à la cire de la Vierge gothique (*Voir au nº 133*).

722 (XXVIII, ». J.-M. BARTHIER, chanoine, directeur de la
Maison centrale d'éducation correctionnelle de Toulouse.
Tableau graphique de la grammaire française.

723 (XXIV, 2 . GRANIÉ frères, *rue Saint-Antoine du T, 12 et
14, à Toulouse.*
Ébénisterie de luxe.

724 XXV, 10 . B. MALBERT, *rue Peyrolières, 15, à Toulouse.*
Dessins en cheveux.

725 (XII, ». E. MALIVERNET, *rue Sainte-Anne, à la Guillo-
tière, à Lyon.*
Alun cristallisé.

726 X, 3 . B. DUMAS, *à Creysse, près Bergerac (Dordogne).*
Papiers pour la fabrication des cartes. -- Papiers florette
et à cigarettes.

727 (X, 1 . E. BERTRAND, *rue St-Benoît, 18, à Montpellier.*
Verdet en boules.

728 (XII, ». A. PRÉTERRE, *boulevard des Italiens. 29, à Paris.*
Pièces prothésiques faites pour des hôpitaux de Paris

729 XXV, 13 . J. BARDOU fils, *place d'Artigues, 22, à Perpignan.*
Papiers à cigarettes blancs et parfumés.

730 (XI, 2 . L. GAUTIER aîné, *r. de la Devise, 28, à Bordeaux.*
Liqueurs, sirops, fruits confits, etc.

731 (III, 3 . J.-M. FAGET, directeur de l'usine appartenant à
M. Guerre. *à Chadelle, près Monségur (Gironde).*
Tuyaux de drainage, briques creuses, etc.

732 (XXIV, 3 . PEYFUSZ père, *rue du Hâ, 57, à Bordeaux.*
Moulures et découpures en bois.

733 (XXIV, 2 . FOURNET frères, *rue du Vieux-Raisin, 26, à
Toulouse.*
Fauteuils mécaniques brevetés.

734 (VIII, 1 . F. ASSIOT, directeur de l'École industrielle, *rue
Matabiau, 29, à Toulouse.*
Règles, compas, étaux à mains, objets de tour, fres-
ques, etc., produits des élèves de l'École industrielle.

735 (VIII, 1). F. ASSIOT, professeur de mécanique à l'Ecole des Arts, directeur-fondateur de l'Ecole industrielle, *rue Matabiau, 29, à Toulouse.*

Boussole à suspension diagonale.

736 (XVI, 3). CHABOD frères, *moulin du Bazacle, à Toulouse.*

Fil de fer clair, recuit et cuivré.

737 (XXVI, 5). VALTEAU, *chemin de Pessac, 112, à Bordeaux.*

Tableau de calligraphie.

738 (XI, 2). F.-N. MONTEVERDE, *cours d'Albret, 65, à Bordeaux.*

Liqueurs diverses.

739 (IV, »). GARGAN et Cᵉ, *rue de Valenciennes, 7, à la Villette, près Paris.*

Machine à vapeur locomobile.

740 (III, 2, IV et XIII). J.-A. HALLIÉ, *allées d'Orléans, 10, à Bordeaux.*

Machines et instruments agricoles ou autres.

741 (VI, »). C. PATROUILLEAU, *rue de la Chartreuse, 51, à Bordeaux.*

Machine à fabriquer les biscuits, système breveté. — Forme à élargir les chapeaux.

742 (XXII, »). BERNE père et fils, *à la Forie, près Ambert (Puy-de-Dôme).*

Lacets en tous genres.

743 (XX, 1). VIMAL-VIMAL et fils aîné, *à Ambert (Puy-de-Dôme).*

Étamines à pavillon. — Rubans de fil et de laine.

744 (VIII, 1). E. HALLIÉ, *rue Neuve-Coquenard, 19, à Paris.*

Compteur hydraulique.

745 (XXIV, 3). J. FARCILLI et Cᵉ, *rue Arnaud-Miqueu, 15, à Bordeaux.*

Moulures et cadres.

746 (XI, 2). BRETON-LORIEN, *à Orléans.*

Vinaigres divers.

747 (XVI, 2). P. CHEVALIER, de Langres, *r. Porte-Dijeaux, 1 et rue Sainte-Catherine, 58, à Bordeaux.*

Couteaux de table et de poche.

748 (XII). TATIN, D.-M., *rue Latour, 26, à Bordeaux.*

Pièces d'anatomie pathologique en cire.

749 (X, 2). GUÉRINEAU et fils, *à Bègles, près Bordeaux.*

Colle forte et huile de pied de bœuf.

750 (VIII, 1). BERTHOT et C⁰, cessionnaires du brevet De-dieu aîné, *quai des Célestins, 8, à Lyon.*

Manomètres à sifflets et sans sifflets.

751 (XI, 2). G. DAIGNIÈRES fils, *rue Haute-Pierre-Lice, 19, à Angers.*

Guignolet d'Angers (liqueur).

752 (XIV, 1). J. FOUSSIER, *rue des Grands-Pouces, 15, à Limoges.*

Siéges inodores.

753 (XVI. 2). E. ESPAGNET, *quai de Bacalan, 121, à Bordeaux.*

Forge de clouterie petit modèle, — et tableau de clouterie.

754 (XXII et V, «). J. FEYTIS jeune, *à Tonneins (Lot-et-Gar.).*

Guides en fil gris, en fil blanc et en chanvre.

755 (III, 3). F. VERDIÉ, *à Villemarie, près La Teste (Gironde).*

Tabacs des récoltes de 1858 et 1859. — Froment, seigles avoine et racines fourragères venus dans les Landes de Cazaux.

756 (XXVII, 3). G.-A. BESSON, *rue des Trois-Couronnes, 7, à Paris.*

Instruments de musique en cuivre et autres.

757 (III, 2). PERDU aîné, *à Rethel (Ardennes).*

Machine à rebattre les faux.

758 (X, 1). GOUT père, *papetier, rue Puits-du-Temple, à Montpellier.*

Procédé de nettoyage des anciennes gravures.

759 (X, 4). A. REHM, *à Basse-Yutz, près Thionville (Moselle).*

Cuirs d'espèces diverses préparés sans acide.

760 (XI, 2). J. TAILLAN, *à Castelnaudary (Aude).*

Liqueurs.

761 (X, 1). V° C. COQUIN, *rue du faubourg Saint-Denis, 80,
à Paris.*

Noirs, couleurs broyées, vernis, encres, crayon, papier
pour lithographie.

762 (XVII, 2). VAUVRAY frères, *rue des Marais-Saint-Martin,
à Paris.*

Pendules, garde-feu, suspensions en bronze.

763 (XI, 5). MORIN-DUPERRON, *rue de la Comédie, à Saint-
Étienne (Loire).*

Chocolats et beurre de cacao.

764 (X, 2). V° CHAPUIS et fils, *à Annonay (Ardèche).*

Colle et gélatine.

765 (XXVII, 3). J.-D. BRETON, *r. J.-J. Rousseau, 28, à Paris.*

Instruments de musique en bois et cristal.

766 (XVI, 2). V. LECHANTRE, *à Nevers, r. de la Préfecture, 4.*

Limes de toutes sortes (199 variétés).

767 (XXVI, 3). FOURNIER et SOULÉ, *rue Saint-Rome, 25, à
Toulouse.*

Registres et presse à copier.

768 (X, 2). ARNAUD LESPINASSE, *rue Bouquière, 25, à Toulouse.*

Cirage pour les harnais et la carrosserie.

769 (V, 1). P.-J. DORMOY, chef des ateliers de wagons des
chemins de fer du Midi, *à Bordeaux.*

Boite à huile pour wagon.

770 (XI, 2). P. SÉNAC, *à Tarbes (Hautes-Pyrénées).*

Liqueur hygiénique balsamique des Pyrénées.

771 (XIV, 4). P. SÉNAC, *à Tarbes (Hautes-Pyrénées).*

Pompe à syphon.

772 (XXVII, 1). J.-J. CAUDERÈS, *rue Porte-Dijeaux, 60, à
Bordeaux.*

Pianorgue perfectionné et autres instruments.

773 XXII, ». V° A. PARENT, *à Lomme, près Lille (Nord).*

Linge de table damassé.

774 (XXV, 2). Mme C. PETIT, *allées de Tourny, 27, à Bordeaux.*

Brassière. — Corset.

775 (X, 1). C. DANIAU fils aîné, *quai des Chartrons, 52, à Bordeaux.*

Bois de teinture coupés et effilés.

776 (XXV, 5). F. WOYTT, *magasin suisse, rue Sainte-Catherine, 10, à Bordeaux.*

Chapeaux de paille et modes pour dames.

777 (V, 2). T. CARLES aîné, *rue Bonaparte, 20, à Toulouse.*

Colliers en tous genres.

778 (XVI, 3). A. COHUE fils jeune, *à la Guéroulde, près Breteuil (Eure).*

Quincaillerie.

779 (XI, 1). Ve OLIVIER-GARNOT, *rue St-Esprit, 25, à Bordeaux.*

Biscuits de mer.

780 (XIV, 1). F. MENAIS, *cours d'Albret, 17, à Bordeaux.*

Objets divers en métaux-mastic.

781 (XXV, 5). ANTRAIGUE et Ce, *Croix Mondonnaud, 10, à Limoges.*

Poils de lièvre et de lapin pour chapellerie.

782 (VI, »). L. LÉRABLE, *rue de la Fusterie, 17, à Bordeaux.*

Blutoir pour le tamisage des matières propres à la peinture.

783 XXVI, 4, et IV,. F. LUNEAU, *rue Palaprat, 21, à Toulouse.*

Presse à copier les lettres.

784 (XVIII, 3). TOUZIAS père et fils, *à Saint-André-de-Cubzac (Gironde).*

Abreuvoir en poterie pour la volaille.

785 (XXVI, 2). AUER, directeur de l'imprimerie impériale de Vienne (Autriche).

Spécimen de toutes les impressions de cet établissement, donné à la Société Philomathique sur la demande de M. Baudrimont.

786 (XXVIII, »). L. DE RUDELLE, *rue des Trois-Conils, 55, à Bordeaux.*

Instructeur théorique et pratique de la prononciation anglaise, et autres travaux de philologie.

787 (III, 2). P. CHARPANTIER fils, *cours du Jardin-Public, 12, à Bordeaux.*

Nouveau système d'irrigation souterraine, etc.

788 (XI, 2). É. ARON, *rue Mondésir, à Nantes.*

Liqueur stomachique et antinévralgique, dite *Elixir armoricain,* et autres.

789 (XXV, 3). F. GUILLAT, *à Limoges.*

Sabots et socques.

790 (XXVII, 1). PLEYEL, WOLFF et Cⁱᵉ, *rue Rochechouart, 22 à Paris.*

Piano à queue et pianos obliques.

791 (X, 1). MAUREL et H. PROM, *quai de Bacalan, 112, à Bordeaux.*

Graines, huiles, et tourteaux d'arachides. — Savon.

792 (IV, ») J.-B.-F. DUVERGÉ, *rue du Saujon, 41 et 43, à Bordeaux.*

Boulons et écrous à la mécanique.

793 (XXIV, 2, et XVI). ALLEZ frères, *rue Saint-Martin, 4, à Paris.*

Bancs en bois et chaises en fer. — Vases, corbeilles, boules panoramiques, etc.

794 (XX, 2). P. ROUSTIC, *à Carcassonne (Aude).*

Draps lisses, croisés et nouveautés.

795 (XI, 1). B. BERNIARD et E. BRIDON, *à Loupiac-de-Cadillac (Gironde).*

Amidons. — Pain à manger. — Biscuit. — Pain de son glutinisé.

796 (III, 3). R. DE BASTARD, *à Saint-Denis, près Agen.*

Osier et lin de Riga venus sur son domaine.

797 (XXV, 3). V. COSTES, *rue du Musée, 17, à Toulouse.*

Guêtres de divers modèles.

798 XXV, 5). A. GASSIOT, *à Los Angelos (Californie*.

Casquette en bois.

799 (XVIII, 4). J. VIEILLARD et C*, *quai de Bacalan, 77, à Bordeaux.*

Poteries blanches et imprimées. — Porcelaines blanches, dures, transparentes et décorées.

800 (X, 4). É. SABATIÉ, *place Saint-Jean, à Libourne.*

Cuirs préparés.

801 (XI, 6). J. HATTON, *rue du Pas-Saint-Georges, 6, à Bordeaux.*

Bonbons.

802 (VIII, 2), L. MAURICE, *rue du Cancera, 36, à Bordeaux.*

Boîtiers de montres.

803 (XIII, 2, et X, 1). HAWKE, MARTIN et Cᵉ, *à Vienne (Isère).*

Fusées de sûreté pour mineurs.

804 (XXIV, 3). J.-B. PASTURAUD, *rue Marion, 40, à Bordeaux.*

Porte-montres sculptés au couteau.

805 (XII, »). Mᶠᶠᵉ J. KIARO, *allées d'Orléans, 36, à Bordeaux.*

Dentiers d'un nouveau système.

806 (XXVI, 1). J. LOUIS, *rue Bouquière, 48, à Bordeaux.*

Plan de jardin.

807 (XXI, », et II, »). A. COUDERC et SOUCARET fils, *à Montauban.*

Soies grèges et tissus à bluter.

808 (III, 2). J.-C. LACHAUD, *à Hautefort (Dordogne).*

Faucheuse et moissonneuse.

809 (XI, 6). E. NOUHAUD, *rue Manigue-Montant, 40, à Limoges.*

Dragées, chocolats, fruits, sirops, fantaisies sucrées, etc.

810 (III, 2). LAVEAU et fils, *rue Porte-Dijeaux, 30, à Bordeaux.*

Soufflet à vigne de M. Azam.

811 (III, 2). F. DELON, *au Puy de Lagerac, près Chalas (Haute-Vienne)*.

Produits agricoles. — Tourbes. — Foyer pour exploitation rurale.

812 (IX, 1), F. NICOLAIS, *rue Tilsitt, 15, à Marseille*.

Cuisines avec appareil distillatoire.

813 (III, 2, et XIV, 1). P. GALUP, *à Soussans (Gironde)*.

Briques et drains.

814 (XX, 2). Vᵉ LAPORTE et fils, *à Limoges*.

Draps, flanelles et articles de Limoges, laine et coton.

815 (XIV, 3, et XXIV 3). LIPPMANN-SCHNECKENBURGER et Cⁱᵉ, *rue Saint-Louis, 16, à Paris*.

Pendules, groupes d'art; fantaisies en imitation de bois, de bronze, ivoire, etc., dite *osséide*.

816 (VI, »). E. BOUHEY, *rue des Francs-Bourgeois, 5, à Paris*.

Machines, outils, tour; machine à percer, à poinçonner, limeuse.

817 (IX, 1). E. VENDERBROUCKE, *rue de Strasbourg, 14, à Paris*.

Fourneaux économiques. — Brûloirs à café.

818 (V, 1). A. AUBERT jeune, *rue des Capucins, 15, à Lyon*.

Système de frein applicable aux chemins de fer.

819 (XVIII, 3). G. LACHAISE, *rue des Capucins, 8, à Bordeaux*.

Vases et corbeilles en terre cuite.

820 (XXV, 7). DAULNOY et LECORNEY, *à Malzeville, près Nancy*.

Dentelles et broderies en points de fleurs.

821 (XVIII, 1). C. SCHMID et Cⁱᵉ, *cerrerie de Vannes (Meurthe)*.

Verre fin et verre ordinaire, service de table, articles de limonadier.

822 (I, »). C. VILLARD, *quai Saint-Antoine, à Lyon*.

Ornements en fonte de fer.

823 (X, 1). E. CORDONNIER-SALMON, *à Arras*.

Sels raffinés. — Huiles diverses.

824 (XIV, 1 et XXIV, 1). F. BOURGAL, *rue Ingres, à Montauban.*

Table à thé en mosaïque. — Échantillon de carrelage mosaïque.

825 1, ". . A. POCHET frères, *place des Capucins, 40 et 41, à Bordeaux.*

Une turbine. — Cylindre de 8 chevaux. — Tuyaux de diverses dimensions (fonte de 1re fusion).

826 (XXVI, 5). L. SALOMON, *rue des Religieuses, 29, à Bordeaux.*

Épreuves photographiques.

827 (IX, 3). GAILLARD frères, *rue de la Verrerie, 77, à Paris.*

Acide stéarique. — Bougies.

828 (X, 1). H. MERLE et Ce, *à Alais (Gard).*

Sels de soude à plusieurs titres, et chlorures.

829 (XVI, 3). J. TEXIER, *rue de Lormont, 169, à Bordeaux.*

Bondes et esquives à la mécanique.

830 (XXIV, 2). C. DIEHL, *rue Michel-le-Comte, 19, à Paris.*

Ébénisterie d'art.

831 (XVII, 3). P. SAINT-AMANT fils, *rue Bonde du Pétal, 22, à Bordeaux.*

Jardinière et corbeilles à fleurs en zinc travaillé à la main.

832 (XXIV, 1 et 3). R. MONEREAU, *rue de l'Église Saint-Seurin, 17, à Bordeaux.*

Modèle de tombeau.

833 (XI, 6). E. DEVERS, chimiste, *rue Saint-Florentin, 15, à Paris.*

Glycérine de toilette. — Crème de glycérine.

834 (V, 2). RAFFENAUD et RIBÉREAU, *fossés de l'Intendance, 15, à Bordeaux.*

Voiture mécanique.

835 (XIV, I, et III, 4). A. SELLÉRIER et Ce, *rue Minvielle, 12, à Bordeaux.*

Cendres pyriteuses pour engrais. — Argiles réfractaires et briques.

836 (XI, 1). SÉNIL aîné, *à Longué (Maine-et-Loire).*

Fécules de pommes de terre.

837 (XIV, 3). **J.-A SARRAIL**, *rue des Trois-Conils, 17, à Bordeaux.*

Marbres artificiels (système de peinture breveté sous le nom de M. Candelot aîné).

838 (XXV, 13). **N.-F.-H. BILLAN**, *rue Saint-James, 41, à Bordeaux.*

Briquets à cigarre, brevetés.

839 (XVI, 1). **J. BOUZIGUES**, *rue d'Astorg, 32, à Toulouse.*

Cosmographe, et indicateur pour sonnettes.

840 (IX, 1, et XI, 1). **J. MOUSSEAU**, *impasse du Petit-Goave, 21, à Bordeaux.*

Portes de four à soupape. — Haura à soupape.

841 (XI, 1). **J.-B. BERNARD**, *rue des Bons-Frères, 5, à Toulon.*

Pâtes alimentaires.

842 (XXV, 2). **S. HAYEM** aîné (maison du Phénix), *rue du Sentier, 58, à Paris.*

Cols, chemises, gilets, etc.

843 (X, 1). **J. VIGNES** fils aîné, *à Loupiac-de-Cadillac (Gironde).*

Cendres gravelées.

844 (XXV, 7 et XXVI, 1). **F.-X. GAY** fils aîné, *rue Argentière, 12, à Montpellier.*

Dessins sur mousseline et sur batiste-linon fil. — Dessins piqués à la mécanique servant à l'impression.

845 (XI, 5). **E. LARCHER** et Ce, *quai des Chartrons, 117, à Bordeaux.*

Sucre raffiné.

846 (XXIV, 3). **L. MÉRICANT** fils, *rue des Arts, 26, à Toulouse.*

Pendule et garniture de cheminée en ivoire sculpté et guilloché. — Tableterie en ivoire.

847 (XI, 3). **E. MALLIÉ** (Mlle), *à Aiguillon (Lot-et-Garonne).*

Tomates en billes.

848 (V, 2, et XXV, 2). J.-P. LATRILLE, *à Pau (Basses-Pyré-nées)*.

Manteaux et caparaçons imperméables.

849 (XVII, 1 et 2). PETIT et CABROL, *rue des Trois Conils, 46, à Bordeaux.*

Bijouterie et joaillerie artistiques.

850 (XXV, 6). J. GAUTIÉ, *fossés de l'Intendance, 23, à Bor-deaux.*

Malles et caisses. — Articles de voyage.

851 (III, 3). J. DUTILH, *à Borie (Gironde)*.

Balais.

852 (III, 2). THIRY jeune, *rue Bergère, 9, à Paris.*

Clôtures, treillages et raidisseurs métalliques.

853 (VI, »). FORSSE, *place St-Martial, à St-Macaire (Gironde)*.

Valet à pression.

854 (III, 2). A. TRICOTEL, *rue des Vinaigriers, 37, à Paris.*

Treillages en bois à la mécanique, bois pénétrés et fils de fer galvanisés.

855 (III, 3). M. DE VIALAR, *château de Bonrepos (Tarn-et-Garonne)*.

Toisons de mérinos purs.

856 (X, 1). A.-F. LAILLER, pharmacien, *rue du Bac, 52, à Rouen.*

Pastilles nutritives et encre dite d'*horticulture*.

857 (XIV, 2). J.-H. LEROY, *rue Notre-Dame de Nazareth, 13, à Paris.*

Toilette hydraulique. — Garde-robes inodores — fumi-vore aspirateur.

858 (VI, »). F. CALAIS, *rue du Renard St-Sauveur, 3, à Paris.*

Machine à fabriquer les paillassons.

859 (XII, »). C. LABÉLONYE, *rue Bourbon-Villeneuve, 19, à Paris.*

Extraits pharmaceutiques et dragées médicinales.

860 (III, 4). B. LEROUX, *Prairie au Duc, à Nantes.*

Guanos artificiels.

861 (VIII, 1). H.-L. LÉGUÉ, *rue du Portail-Louis, à Saumur.*

Mesures en bois, barils et barattes.

862 (XXVII, 3). F.-A. GENET, *fossés de l'Intendance, 40, à Bordeaux.*

Flûte en argent.

863 (XVII, 1). A. CHERTIER, *rue Mazarine, 48, à Paris.*

Orfévrerie religieuse.

864 (XIV, 1). La Compagnie générale des Asphaltes, *à Seyssel et à Paris.*

Dallages en asphalte pour intérieur.

865 (X, 1). Compagnie des salines du Midi A. RENOUARD et Cⁱᵉ gérants. *Siége de la Société : à Paris, place Vendôme, 45; direction de l'exploitation : à Montpellier, 7, rue Rondelet; et à Aix, Cours, nᵒ 6.*

Sels de diverses qualités.

866 (XIV, 1). F. CHAIGNEAU, *quai de Bourgogne, 15, à Bordeaux.*

Chaux hydraulique.

867 (XXV, 1). O. PÉRÈS, *rue Ste-Catherine, 86, à Bordeaux.*

Une redingote.

868 (XXIV, 2). H. CROLIN, *rue Mauriac, 14, à Bordeaux.*

Billard en bois exotiques.

869 (XIII, 1). J.-L. GALLOIS, *à Saint-Martin (Ile de Ré).*

Cloche automatique pour empêcher les abordages en mer.

870 (XXIV, 3). F. GILLET et J. BRIANCHON, *rue Fénelon, 7, à Paris.*

Vases et objets de fantaisie décorés par un procédé nouveau.

871 (XIV, 4). GANDILLOT et Cⁱᵉ, *rue Bellefonds, 40, et rue Turgot, 15, à Paris.*

Tuyaux en fer pour le gaz, l'eau et la vapeur.

872 (XIV, 4). A. MORIAC, *rue Villejust, 32, à Passy-lès-Paris.*

Jets d'eau pour intérieurs d'appartements, meubles, aquarium.

873 (XVI, 1 . GANDILLOT frères et C°. *rue Bellefonds*, 40, *et
rue Turgot*, 15, *à Paris*.

Grilles, balcons et articles divers en fer creux.

874 (XI, 2). A. LESOURD-DELISLE, *rue Saint-Gilles*, 14, *à
Angers*.

Vin d'Anjou champanisé.

875 (XIV, 2 . A. PLAGNOL, *rue du Mù*, 6, *à Bordeaux*.

Jalousies (nouveau système).

876 (XIV, 4). H. PETIT. *rue Poissonnière*, 45, *à Paris*.

Tuyaux en fonte, robinets, bornes-fontaines, boîtes d'arrosement.

877 XIV, 1 . O. GRUAT et C°, *à Chauvigny (Vienne)*.

Pierre dure du pays. — Balustre tourné en biais.

878 (X, 5 . M.-L. LECROSNIER, *au Bourget (Seine), et à Paris, rue de Rivoli*, 53.

Sacs à raisins et canevas divers en fils de lin enduits à la mécanique.

879 XIV, 4. J. BOURROUSSE. *à Saint-Just des Marais, près Beauvais, et à Paris, boulevard des Filles du Calvaire*, 13.

Fontaines-filtres pour purifier et clarifier l'eau.

880 XXVII, 1 . L'abbé GUICHENÉ, *curé de Saint-Médard-lès-Mont-de-Marsan*.

Orgue symphonista de son invention.

881 XIV, 2 . P. SARRAILLE, *rue Porte-Dijeaux*, 84, *à Bordeaux*.

Applications diverses du zinc pour bâtiments.

882 (XIII, 1 . H. GRAATZ, *rue du Loup*, 22, *à Bordeaux*.
Échelle de sauvetage pour incendie.

883 (VII, » . J. GRIFFIER-TERRASSON, *à Niort (Deux-Sèvres)*.
Chardons à foulons.

884 (XXV, 2 . J.-B. CANONVILLE. *fossés de l'Intendance*, 44.
Chemises, gilets de flanelle et cravates.

885 (IX, 1 . F. COURÉGELONGUE jeune, *rue des Faures*, 67, *à Bordeaux*.

Appareil de sûreté contre les explosions de vapeur. —

Appareil pour limonade gazeuze. — Briquet dit *allume au vent.*

886 (XI, 4). Ve L. CHAUVET aîné, *rue des Ayres*, 65, *à Bordeaux.*

Vinaigre.

887 (VIII, 1). L. CUNQ, employé au Chemin de fer du Midi, *rue de la Course*, 5, *à Bordeaux*, et L. CHAVANNAZ, opticien, *rue des Remparts*, 20, *à Bordeaux.*

Nouveau système de télégraphie.

888 (II, »). LE VANNIER, *usine de Rohan à Vannes (Morbihan).*

Trieur d'ivraie (machine).

889 (X, 1). SERÉ-LEGEAY, *rue du Commerce*, 54, *à Tours.*

Eau conservatrice pour les vins.

890 (XI, 1). P. MARCON, *rue des Filatiers*, 36, *à Toulouse.*

Pâtes alimentaires.

891 (XVII, 3). P. BRUNEL aîné, *à Castelnaudary (Aude).*

Portraits de LL. MM. l'Empereur et l'Impératrice en cuivre repoussé au marteau.

892 (XI, 5). ABRIBAT frères, *rue des Menuts*, 57, *à Bordeaux.*

Sucre raffiné.

893 (I, »). C. CAPDEVILLE, propriétaire-fondateur des forges de Lacanau (Gironde).

Échantillons de minerai de fer et de fonte.

894 (XI, 3). L.-G. DURAND, *cours de la Bauve*, 4, *à Lorient.*

Conserves alimentaires par des procédés nouveaux.

895 (XI, 1). É. FOURNÉS, *à Carcassonne (Aude).*

Amidons.

896 (VI, »). Ve CARRÉ et fils, *rue Notre-Dame*, 105, *à Bordeaux.*

Mécaniques à boucher les bouteilles.

897 (XVI, 3). E. BOUCHER, *rue Turgot*, 11, *à Paris.*

Fonte culinaire, dite fonte argentine. — Fer battu. — Ustensiles de ménage.

898 (XIV, 2). La Société des compagnons passants charpen-
tiers de Tours.

Ouvrage de charpente.

899 (XII, »). S. BERBEY, pharmacien, *à Dôle (Jura)*.

Trousse médicale du soldat en campagne.

900 (XXVII, 1). J.-G. KRIEGELSTEIN, facteur de pianos de
S. M. l'Empereur, *rue Lafitte, 53, à Paris*.
Piano droit, à cordes obliques.

901 (XII, »). É. FRUNEAU, *place Pirmil, à Nantes*.

Nouveau papier anti-asthmatique.

902 (X, 4). S. GIRAUD, *rue Saint-Maur, 57, à Paris*.

Maroquins. — Moutons maroquinés et cuirs pour la chapellerie.

903 (III, 3 et XI, 3). P.-F. DE SAINT-AMANT, *à Latour, près Mon-
flanquin (Lot-et-Garonne)*.
Laines en suint. — Pruneaux confits.

904 (XXVI, 5). F. MAXWELL-LYTE, *à Bagnères-de-Bigorre*
Épreuves photographiques.

905 (III, 2). J.-B. HIDIEN, cultivateur, *à Déole (Indre)*.
Instruments agricoles.

906 (XII, »). L.-N. WINDERLING, *rue Saint-Louis, 2, à Metz*.
Appareil à vapeur. — Plusieurs dentiers en caoutchouc
durci. — Empreintes et matière première.

907 (III, 3). M. RICHIER, *au château de Ludon (Médoc)*.
Colza d'hiver. — Tabac. — Avoine de Géorgie.

908 (XIV, 4). L. NADAUD, *à la Rouderie, commune de Douhet,
près Saintes*.
Balustres et carreaux pour dallage en pierre dure du
pays.

909 (XXV, 2). J.-J. RIGAUD, *à Carcassonne (Aude)*.
Couvertures de laine et flanelle.

910 (XXVI, 3). L. GIRARD, *rue Saint-Maur, 157, à Paris*.
Biblochaptes.

911 (XXVI, 3, et XXV, 13). A. OLIVEAU, *quai de la Douane, 7, à Bordeaux.*

Registres, papier à cigarettes et objets divers.

912 (XIII, 1). E. BERNÈDE, *à Portets (Gironde).*

Navires en miniature : l'un en ivoire, l'autre en bois.

913 (XXV, 4). M⸢me⸣ ESCOUBÉ, née SAINTE-MARIE, *rue des Arts. 24, à Toulouse.*

Gants de peau, sans boutons ni agrafes.

914 (XVIII, 1). LA SOCIÉTÉ ANONYME DE LA VERRERIE DE PEUCHOT, *à Rive-de-Lot (Aveyron).*

Verre à vitres et manchons.

915 (IX, 2). G. CASTANET, *cours de Tourny, 84, à Bordeaux,* pour MM. GOUDENOVE et FERRET, de Paris.

Bec de gaz (nouveau système).

916 (I et XVI, 1). A. PAUL, *rue Ségur, 12, à Bordeaux.*

Objets divers de grosse serrurerie, meubles en fer, fontes moulées, etc.

917 (III, 2). P. LAMBERTRIE père, *rue Montesquieu, à Libourne, maison Waux-Hall.*

Soufflets pour le soufrage de la vigne.

918 (VI, »). J. OURSULE, serrurier, *rue Notre-Dame. 23. à Bordeaux.*

Vis de pressoir.

919 (I et XIV, 1). J. MAITRE, *à Thieffrain, près Vendeuvre (Aube).*

Appareils à minerai. — Cornues à gaz. — Briques, etc.

920 (III, 3). C. BÉLANGER, directeur du Jardin Botanique, *à Saint-Pierre (Martinique).*

Maïs. — Café. — Canelle. — Rhum. — Tafia. — Liqueurs. — Confitures et autres produits de la colonie.

921 (III, 3). LA PÉPINIÈRE CENTRALE D'ALGER.

Fruits d'Afrique. — Cotons. — Sorgho. — Bambous. — Cochenille. — Soie.

922 (III, 3). VERDIN et FLASSELLIÈRES, *à Alger.*

Crin végétal.

923 (III, 3). REVERCHON, à *Birkadem (Algérie)*.

Tabac en feuilles. — Céréales et sorgho.

924 (III, 5). CHAZEL et REDON, à *Alger*.

Cocons et soies grèges.

925 (XVII, 3). A. DAUBRÉE, à *Nancy et à Paris, boulevard de Strasbourg, 48*.

Bronzes d'art.

926 (XI, 2). COINTREAU frères, à *Angers*.

Liqueurs.

927 (XVIII, 3). T. NIEL, *rue Saint-Jacques, 66, à Bordeaux*.

Poteries communes.

928 (III, 3). M. GUESDE, à *la Pointe-à-Pître (Guadeloupe)*.

Rhum et tafia.

929 (X, 4). L. HARDY-MILORI, *route de Montreuil, 172, à Charonne (Seine)*.

Couleurs sèches et en pâtes pour marchands de couleurs et fabricants de papiers peints.

930 (X, 4). LANGE DESMOULINS, *rue du Roi de Sicile, 34, à Paris*.

Couleurs en grains.

931 (X, 4). DESCHAMPS frères, à *Vieux-Jean-d'Heurs, par Saudrupt (Meuse)*.

Bleu d'outre-mer.

932 (V, 2). P. BERGEON et Ce, *all. d'Orléans, 28, à Bordeaux*.

Voitures diverses et articles de sellerie.

933 (VIII, 4). V. MICHEL, *cours Napoléon, 14, à Bordeaux*.

Bascules de divers systèmes. — Romaine. — Mesures en fer forgé. — Balance de précision.

934 (XIV, 4). E. BRUN, *rue du Loup, 74, à Bordeaux*.

Dallage-bassins, conduites d'eau. — Ornements, etc., en béton aggloméré (système Cogniet).

935 (XI, 3). GUIOLET et QUENESSON, *Fort de France (Martinique)*.

Sucre brut.

936 (XI, 2). J. GIORSELLO, *rue Saint-Louis, 13, à Saint-Pierre (Martinique)*.

Rhum coloré et non coloré.

937 (XI, 2). L. DE THORÉ, *à Lamentin (Martinique)*.

Coton fin indigène. — Eau-de-vie des Antilles et crème de Delhi.

938 (XVI, 3). Ém. DEBANS, *à Barsac (Gironde)*.

Barriques en bois de Bosnie, de deux qualités différentes.

939 (IX, 2). P. BIGORRY, *rue du Loup, 13, à Bordeaux*.

Lampes et lanternes de ville au schiste.

940 (XXVI, 4). A. CANALS, *rue Mingin, 32, à Bordeaux*.

Machine à fabriquer les briques et divers plans.

941 (I, »). A. DALIFOL, *quai Jemmapes, 306, à Paris*.

Articles de coutellerie, serrurerie, armurerie, boucle-rie, sellerie. — Pièces mécaniques, matrices, trempe et cimentation. — Objets d'art.

942 (II, »). DEPLANQUE et fils, *route d'Orléans, 114, à Montrouge-lès-Paris*.

Pierres à aiguiser et meule polissoir.

943 (XVI, 4). CARRÉ et Cⁱᵉ, *avenue de la Porte-Maillot, 23, à Paris*.

Meubles de jardin. — Jardinières. — Clôture modèle, etc., en fer.

944 (XIV, 4). T. LEPAN, *à Lille*.

Tuyaux en étain.

945 (X, 3, et XII, »). J.-A. PICHOT et MALAPERT, *place d'Armes, 20, à Poitiers*.

Papiers filtres et charpies carboniques.

946 (VI, », et XIII, 4). GROSSIN-LEVALLEUX, *rue du Pré, 25, à Rouen*.

Système de graissage Bonnière fils. — Gouvernail Harels.

947 (XIV, »). A. LEROUX, *à Alençon*.

Articles de toilerie.

948 (XIV, 4). J.-J. VEYSSIER, *rue de Leroc, 14, à Bordeaux*.

Produits bitumineux de toutes sortes.

949 (IX, 1, et XI, 2). ROLLAND et Cⁱᵉ, *à Larochefoucauld (Charente)*.

Alcools de grains, de topinambour ; — mélasses. — Copie en relief d'un des fourneaux de l'usine, muni de l'appareil fumivore O'Guerreté, dont les exposants sont cessionnaires.

950 (XI, 2). Vᵉ JUSTINART et Cⁱᵉ, *à Épineuil, près Tonnerre (Yonne)*.

Vins mousseux.

951 (III, 5). MOURARET père et fils, *à Chancelade, près Périgueux, et à Bruges, près Bordeaux*.

952 (XX, 1). J. CAUBÈRE et Cⁱᵉ, *à Toulouse*.

Plumes et duvets, produits du midi.

953 (XVI, 3). J.-M. GÉORE, *rue de la Taupe, 34, à Bordeaux*.

Râpe à pulvériser le sucre, et une autre pour la cassonnade.

954 (XIII, 3). P. et J. GUIGNAN frères, *à Sainte-Terre (Gironde)*.

Filets de chasse et de pêche.

955 (XIV, 2). CONDIS père et fils, *place Sainte-Eulalie, 4, à Bordeaux*.

Pièces de trait.

956 (X, 1). J. BLETERY, *rue des Terres-de-Bordes, 115, à Bordeaux*.

Noir animal en poudre et en grume vierge et revivifié, et engrais noir.

957 (XIII, 1). J. BAILLOU, chantiers de construction, *à Bordeaux*.

Modèle de frégate à hélice.

958 (X, 4). B. CARGANICO, *à Châlons-sur-Saône*.

Cuirs et peau préparés.

959 (V, 2). J.-J. ALBOUY, *au Moulin du Château, à Toulouse*.

Fusées d'essieux, divers systèmes, avec boîtes. — Clé de démontage.

960 (XIII, 2 . GAULTIER-FAIFEU et BELLENGER, *rue du Cornet, 31, et boulevart du Haras, 26, à Angers.*

Fusils à système de sûreté, pouvant s'adapter à toute espèce d'armes à feu.

961 (XI, 2). OHRY, RÉGULIER *et C*e*. à Angers.*

Liqueurs diverses.

962 (XIV, 1 . P.-A. TOURBAT, *rue des Ayres, 47, à Bordeaux.*

Procédé d'extraction du salpêtre.

963 (IX, 3 . SALIÈRES *frères, rue Bouquière, 44, à Bordeaux.*

Bougies stéariques.

964 XX, 1 . BOULLIAC et REYNIER, *rue Bas-Lansaut, 23, à Limoges.*

Flanelles et droguets.

965 (XI, 2). H. SÉCRESTAT *aîné, rue Notre-Dame, 28 et 30, à Bordeaux.*

Liqueurs. — Caramel. — Un appareil distillatoire.

966 I, » . J.-V. LASSERRE, *à Saint-Vincent-de-Paul, près Dax Landes.*

Minerais de fer provenant des Pyrénées. — Fer et fonte.

967 (XIV, 1. DUMOUSSAUD *père et fils et FAURIAUX, aux Pinolières, commune de la Couronne, près Angoulême.*

Tuiles système Fauriaux.

968 (XI, 2). LANGLET *frères et C*e*, à Angoulême.*

Eau-de-vie de raisin pur, de la Charente.

969 (XI. 2). DROZ et JOURDE, *rue Saint-Remi, 46 et 48, à Bordeaux.*

Liqueurs. — Fruits et bonbons.

970 XI, 2. A. FÉVRE et FORESTIER, *à Épineuil Yonne.*

Vins de Champagne.

971 XXII. » . P.-A. WETZEL, *à Bordeaux.*

Toiles à sacs.

972 (X, 4 . NÈGRE *frères, à Castelmoron-sur-Lot Lot-et-Garonne.*

Cuirs tannés.

973 (XIII, 4). A. PÉROUX, *rue Vaudebrande*, 8, *à Bordeaux*.

Modèle de vaisseau.

974 (III, 3). J. CHAMBRELENT, *rue du Champ de Mars*, 16,
à Bordeaux.

Chênes et pins (culture forestière des Landes).

975 (XVI, 4, et XXIV, 4). L. AVINEIN, *cours du Jardin Public*,
à Bordeaux.

Glace, avec cadre en bois sculpté, style François Ier.

976 (XVI, 4). L.-C. YON, tapissier, *à Lisieux (Calvados)*.

Literie nouvelle, types divers.

977 (XI, 2). J.-M. KUOM, *rue du Casse*, 33, *à Bordeaux*.

Bière *dite* de Strasbourg, et bière *dite* de Lyon.

978 (XI, 2). J.-L. BROCARD, *rue de Rivoli*, 72, *à Paris*, et *à
Bercy*.

Liqueurs.

979 (XVIII, 4). A. LACROIX, *faub. Saint-Denis*, 148, *à Paris*.

Échantillons de couleurs vitrifiables sur porcelaine.

980 (XVII, 3). F. BARBEDIENNE, *boulevard Poissonnière*, 30,
à Paris.

Bronzes d'art. — Statues. — Candélabres, objets de fantaisie, etc.

981 (IV, »). T. DELISSE, *quai des Chartrons*, 7, *à Bordeaux*.

Moulin à vent se réglant lui-même et s'orientant suivant la force et la direction du vent.

982 (V, 4). J. MCIOSKY, *chemin de la Barde*, 58, *à Bordeaux*.

Modèle en bois d'un changement de voie (système breveté).

983 (XXV, 2). Mlle E. LECOUR, *r. Huguerie*, 65, *à Bordeaux*.

Corset.

984 (XXV, 10). LIVERTOUX, *rue Porte-Dijeaux*, 21, *à Bordeaux*.

Cheveux teints par un nouveau procédé.

985 (XI, 4). L. VALLÉE, *rue du Cancera*, 3 et 4, *à Bordeaux*.
Pétrins mécaniques.

986 (XX, 2). LASMARTRES et Cᵉ, *à Saint-Martory (Hᵗᵉ-Gar.*).
Draperie.

987 (XXIV, 2). G. GOIFFON, *à Bagnères-de-Bigorre (H.Pyr.).*
Fauteuil et tabourets articulés.

988 (XI, 3). MORELON-FLEURY, *à Nontron (Dordogne*).
Terrines de foie gras et de gibier.

989 (X, 2). L.-F. DAVAND, *à Castelmoron (Lot-et-Garonne).*
Vernis au tampon à l'épreuve de l'eau. — Applications.

990 (XVI, 3). J. PENANT, *rue de l'Arbre-Sec, 60, à Paris.*
Cafetières de divers systèmes.

991 (XXV, 2). C. J. CHAROY, *à Bar-le-Duc (Meuse*).
Corsets sans coutures.

992 (X, 2). NOIRAULT-GOUJON, *à Niort (Deux-Sèvres).*
Colle-forte.

993 (X, 4). V. RÉDAY, *rue Saint-Martin, 33, à Angoulême.*
Cuirs et peaux pour reliures.

994 (VI, »). CORDONNIER et FONTENILLE, *à Orchies (Nord).*
Plateaux et tour de serpentins en fonte émaillée.

995 (XXV, 11). L.-J. MASSUE, *rue Aumaire, 3, à Paris.*
Peignes en ivoire.

996 (VI, »). CAILLEZ-GALICHET, *rue d'Orfeuil, à Châlons-
sur-Marne.*
Machine à rincer les bouteilles.

997 (XI, 2). A. MALEGA, *rue de la Croix-Blanche, 35, à Bordeaux.*
Élixir des Alpes et autres liqueurs.

998 (XIV, 1). J.-L. DU SOUCHET, *à l'Isle d'Espagnac (Charente).*
Blocs de pierre. — Auge-abreuvoir.

999 (XIII, 4). CHAIGNEAU frères, *à Lormont, près Bordeaux.*
Modèle de navire de commerce. — Dessin d'un nouveau
système de construction bois et fer.

1000 (I, », IV, », et XVII, 3). **DANEY** frères, *place Sainte-Croix, à Bordeaux.*

Rouleau compresseur à vapeur. — Chaudière à vapeur verticale. — Chaudière à vapeur à bouillons. — Modèle de ponts sur la Leyre. — Rivets à la mécanique. — Bronzes d'art. — Robineterie.

1001 (X, 1). **J. THOMAS** et Ce, *à Argenteuil (Seine-et-Oise).*

Sels de quinine. — Alcoloïdes végétaux.

1002 (XXV, 5). **A BÉLIARD**, employé chez MM. Toscan et Ce, *au Bouscat, près Bordeaux.*

Métier breveté pour le ponçage des chapeaux.

1003 (XXVI, 2). **L. POIZAT**, *rue du Tour, 35, à Toulouse.*

Gravures sur bois.

1004 (XXV, 6). **G. GIRAUD**, *à Saint-Pierre-de-Bat (Gironde).*

Gibecière en mousse.

1005 (III, 3). **O. MYRAN**, *rue Raze. 24, à Bordeaux.*

Échantillon de blé.

1006 (XXVI, 2). **Mme PONS**, née **CHEVALIER**, *fossés du Chapeau Rouge. 24, à Bordeaux.*

Vignettes découpées.

1007 (IX, 3). **T. LASSERRE**, *route de Bayonne, 11, à Bordeaux.*

Bougies et chandelles.

1008 (XI, 2). **F. ROBIN** et **F. PELAIN**, *à Creysse, près Bergerac, à Bordeaux.*

Vins de la Gironde champanisés.

1009 (VI, »). **E. CAPDEROS**, *imp. Pomme-d'Or, 5, à Bordeaux.*

Soufflets pour tonnelier et pour forge.

1010 (VI, »). **G. HERMANN**, *rue de Charenton, 92, à Paris.*

Machine à broyer le chocolat, mélangeur à cacao et sucre; machine à broyer les couleurs; *idem* à pulvériser les graines de lin et de moutarde.

1011 (VIII, 1). **H. GRUNEWALD**, *rue des Boulets, 5, à Paris.*

Manomètres métalliques.

1012 (XVIII, 4). DE PRON et Cⁱᵉ, *rue Culture-Sainte-Catherine,
28, à Paris.*

Glaces argentées de cheminées et de toilette, miroiterie
de luxe gravée, dorée, peinte ; boules panoramiques.

1013 (XXIV, 2). BECKER et OTTO, *r. du Temple, 79, à Paris.*

Ébénisterie d'art, porte-cigares, caves à liqueur, etc

1014 (XVIII, 4). P.-C. BERTIN, *rue Cadet, 8, à Paris.*

Bouteilles et flacons capsulés en verre, bouchage her-
métique.

1015 (XXVI, 5). S. MULNIER, *boulev. des Italiens, à Paris.*

Épreuves photographiques.

1016 (IX, 2 et XVI, 3). F. BOULANGER, *rue du faubourg
Saint-Denis. 112, à Paris.*

Lampes. — Lustres. — Appareils d'éclairage.

1017 (XI, 2). G. CHÉNEAUX, *à Macouba (Martinique).*
Rhum.

1018 (XXVI, 2). G. CHAMBARON, *boulevard Napoléon. 46, à
Toulouse.*
Gravures sur bois.

1019 (XXIV, 2). F. FORILLIÈRE, *r. Beaulieu, 31, à Angoulême.*
Sommiers élastiques.

1020 (XXV, 10). P. DUFOUR, *à Rochefort.*
Fleurs en cheveux.

1021 (IX, 2). G. GRUET, *rue Sainte-Colombe. 2, à Bordeaux.*
Lampes économiques.

1022 (I, »). J. CAMAU, *boulevart Rauzier. 22, à Marseille.*
Étain coulé en feuille,

1023 (III, 2). LE DIRECTEUR DE LA COLONIE AGRICOLE DE
METTRAY *(Indre-et-Loire).*
Instruments agricoles.

1024 (III, 3). DUMAS, négociant, *à Alger.*
Vins de Médeah et absinthe.

1025 (XI, 2). G. PERREAU, à *Alger*.

Vin du Sahel (clos Perreau).

1026 (III, 3). MARENGO, maire de *Douéra* (*Algérie*).

Manoques de tabac.

1027 (III, 3). GOMILA, à *Boudzareah, près Alger*.

Blé en grain et en gerbe.

1028 (III, 3). THÉLON, à *Alger*.

Oignons, comestibles, fruits.

1029 (III, 3). MERCURIN, maire de *Cheroqas* (*Algérie*).

Essences. — Céréales.

1030 (III, 3). WARNIER, ferme de *Kaudouci* (*Algérie*).

Céréales, légumes secs, huile, tabac et fils d'aloès.

1031 (III, 3). L'EXPOSITION PERMANENTE D'ALGER.

Fruits, plantes, essences, cotons, soies, tabacs. — Articles d'habillements, marbres, minerais, etc.

1032 XII, », et III, 3. J.-C. DUVIGNEAU, à *Audenge* (*Gironde*).

Sangsues grises des Landes et cocons.

1033 (VI, »). E. LOUVERT, *rue Tastet, 37, à Bordeaux*.

Poinçons, découpoirs à levier.

1034 (XI, 4). F. CHAFFAUD et Cⁱᵉ, à *Caudéran* (*Gironde*).

Amidons, fécules et arrow-root français.

1035 XI, 2. C. HEIDSIECK et Cⁱᵉ, à *Reims*.

Vin de Champagne.

1036 (X, 1). J. LAURENT et CASTHELAZ, *rue Sainte-Croix-de-la-Bretonnerie, 19, à Paris*.

Produits chimiques.

1037 (XI, 3). Vᵉ COURARIE-DELAGE, *place des Bancs, 17, à Limoges*.

Conserves alimentaires.

1038 (XIII, 4). PÉRIÉ et BELLAMY, *rue Judaïque, 65, à Bordeaux, et rue Lafayette, 3*.

Cabestan mécanique et balcon, banquette en fonte.

1039 (XVII, 2, et VIII, 1). E. PATRY, *rue Volta, 8, à Paris.*

Faces à main en or, lorgnons, lunettes, orfèvrerie d'optique.

1040 (II, »). TIGER et JONQUET, *à Cloyes (Eure-et-Loire).*

Meule à moulin.

1041 (XXIII, 1). ANJARD et PAGÈS, *rue Sainte-Catherine, 56, à Bordeaux.*

Nattes et paillassons.

1042 (V, 2). J. BERBESSOU, *à Chalus (Haute-Vienne).*

Bride-mécanique pour les chevaux emportés.

1043 (VI et XXV, 5). P. CASTAING, *rue du Puivert, 7, à Toulouse.*

Machine à passer les chapeaux.

1044 (V, 2). C. DELMAS, *boul. Saint-Aubin, 84, à Toulouse.*

Deux voitures.

1045 (X, 4). E.-A. MARTELLA, *rue du Rocher, 40, à Paris.*

Panneaux de tenture de cuir et imitations de cuir.

1046 (XVII, 2). F. MILISCH, *rue Portefoin, 17, à Paris.*

Bijouterie, argent doré et aluminium.

1047 (XVIII, 4). DUTERTRE frères, *rue d'Angoulême du Temple, 66, à Paris.*

Porcelaine dorée de fantaisie.

1048 (XXV, 8). PELLERIN et C⁰, *rue Grange-Batelière, 16, à Paris.*

Agrafes et crochets.

1049 (XXV, 1). PAILHÈS et LAGUENS, *rue des Taules, à Limoges.*

Habillements d'hommes.

1050 (XXIV, 1). MIGNOT et GÉNÉBRIAS, *rue de l'Asile Popincourt, 11, à Paris.*

Tuyaux en asphalte.

1051 (XVIII, 2). J. DEVERS, *avenue de la Santé, 44, à Montrouge, près Paris.*

Vases, plats, médaillons, etc., en terre cuite émaillée.

1052 (III, 2). J.-J. BAUDUC, *rue de Guîtres, à Libourne.*
Soufflet pour la vigne.

1053 (XXV, 3). P. POIRIER. *a Châteaubriant.*
Chaussures de chasse.

1054 (XI, 2). MONDOLLOT frères, *rue du Château-d'Eau. 94, à
Paris.*
Gazogènes, appareils à boissons gazeuses.

1055 (X, 3). L. COLLAS, *à Casteljaloux.*
Papiers pour pliage.

1056 (XXV, 3). G. MOUSTIÉ, *rue Bouquière. 14, à Bordeaux.*
Sabots. — Socques.

1057 (XVI, 4). H. GRANDET, *rue Lecoq, 78, à Bordeaux.*
Lits et meubles de jardin en fer. — Sommiers. — Appareils inodores.

1058 (XIII, 4). B. BRASSENS, *à Quinsac (Gironde).*
Modèle de navire à hélices.

1059 (VI, »). MENGARDUQUE fils, *rue du Loup, 73, à Bordeaux.*
Machine à emboutir les métaux.

1060 (XVII, 3). J.-M. FLEUTIAUX sœurs, *rue de Bretagne, 57,
à Paris.*
Bronzes composition.

1061 (X, 4). A. LATOUCHE, ROGER fils, *à Avranches (Manche).*
Cuirs.

1062 (XXIV, 2). J. MASSIEU. *a La Bastide, près Bordeaux.*
Futaille sans cercle, ni gougeons, ni pointes, ni colle.

1063 (XXV, 5). J. RUET jeune, *rue Sainte-Catherine, 56 (Bazar Bordelais).*
Chapeaux et casquettes.

1064 (XI, 6 et 2). J. ALADAME et fils, *à Caudéran, près Bordeaux.*
Caramel.

1065 (XVI, 3). L. AZAM, *rue Beaufleury, 14, à Bordeaux.*

Tableaux en fil de fer.

1066 (XVIII, 1). A. CHAPPAZ et fils frères, *route d'Espagne, 45, à Bordeaux.*

Bouteilles, bocaux, etc.

1067 (XXV, 10). N.-J. GRÉBUR, *rue Sainte-Catherine, 92, à Bordeaux.*

Dessins en cheveux.

1068 (X, 1). J.-A. RAYNAL, *à Narbonne.*

Verdet.

1069 (XII, »). R. BONNET, *à Périgueux.*

Pâte pectorale.

1070 (IV, ») BAYLE et DEZEIMERIS, *à Villefranche-de-Long-chapt (Dordogne).*

Appareil à ficeler les boissons gazeuses.

1071 (VIII, 1). E. LAGO, *à Auch (Gers).*

Reliefs de géométrie.

1072 (III, 4). VICAT, *rue Saint-Honoré, 123, à Paris.*

Insecticide.

1073 (XXVI, 1). P. CHARTON, *rue Notre-Dame, 113, à Bordeaux.*

Paysage en liége.

1074 (XI, 4). J.-E. RENAUD, *rue des Faures, 17, à Bordeaux.*

Vinaigres.

1075 (VI, ») . G. BACQUEY, *à Soussans (Gironde).*

Mécanique à tailler la fouçaille des barriques.

1076 (XXV, 8). M.-D. DALLAS, *rue Sainte-Eulalie, 50, à Bordeaux.*

Descente de lit tricotée en draps de diverses couleurs.

1077 (XVIII, 2). J.-B. LIEUZÈRE, *place Saint-André, 1, à Bordeaux.*

Rosace représentant Saint-Pierre ès-liens (vitraux).

1078 (XXVI, 2). E.-G. GOUNOUILHOU, place Puy-Paulin. 1, à Bordeaux.

Impressions diverses.

1079 (XI, 3). ESNAULT-PELTERIE, rue du Mirail. 23, à Bordeaux.

Sucre cassé à la mécanique.

1080 (V, 2). ROBIN fils aîné, à La Bastide, près Bordeaux.

Collier mécanique.

1081 (XIV, 1). VIDEAU aîné. rue Croix de Seguey, 66, à Bordeaux.

Échantillons de stuc.

1082 (XI, 7). P. POURRET, rue Henri IV. 8, à Bordeaux.

Système de bouchage à forte pression.

1083 (XIII, 4). LAVIELLE et CONDIS, rue Lamouroux, 22, à Bordeaux.

Pirogue en acajou.

1084 (IV,). P. BERTRAND, rue Neuve-Ménilmontant. 18, à Paris.

Machine à vapeur horizontale. — Machine verticale. — Machine à couper le poil de lapin. — Machine à dragées.

1085 (XIV, 1). MODENEL jeune, château d'Echoisy. commune de Cellettes (Charente).

Béton. — Chaux en poudre, en pierre, etc.

1086 (XI, 2 et 3). J. LACOU, à Arcachon (Gironde).

Vins. — Liqueurs. — Conserves alimentaires. — Système de bouchage.

1087 (V, 1). PRITCHARD et MONNERON, à Persan-Beaumont Seine-et-Oise.

Huiles à graisser les machines.

1088 (XI, 2). J. LACHAUD, à Libourne (Gironde).

Élixir des Quatre fils Aymon.

1089 (XXVI. 3). BERGAULT-CUMIN, *rue Chef-de-Ville*, 14,
à La Rochelle.

Registre, nouveau système.

1090 (IV, »). J.-F. CAIL et C", *quai de Billy*, 48, *à Paris*.

Machines à vapeur fixes. — Locomobile. — Appareil de
purgation et de clairçage des sucres. — Système de
paliers graisseurs.

1091 (XXIV, 2). RIBAILLIER aîné et MAZAROZ, *boulevart des
Filles-du-Calvaire*, 20. *à Paris*.

Ébénisterie d'art.

1092 (III, 3). LE DIRECTEUR DES COMTRIBUTIONS INDI-
RECTES DE LA GIRONDE.

Produits de la manufacture des tabacs de Bordeaux et
de la culture de la Gironde.
(Exposés sans concours.)

1093 (XXIV, 2). LEFEBVRE, *rue Faubourg-Saint-Antoine, à
Paris.*
Ébénisterie de luxe.

1094 (XXIV, 2, et VI, »). BEAUFILS, *place des Quinconces*, 11,
à Bordeaux.

Ébénisterie de luxe.
Machine à faire les tenons. — Machine à mortaiser. —
Machines à pousser les moulures. — Scie circulaire,
scie alternative verticale. — Tour à percer, etc.

1095 (XII, »). DORVAULT, gérant de la Pharmacie Centrale
de France, *rue des Marais-Saint-Germain*, 23, *à Paris*.

Préparations pharmaceutiques. — Produits chimiques.
— Drogues simples.

1096 (XXVII, 3). HENRY et MARTIN, *rue de Rivoli*, 73, *à
Paris.*
Instruments de musique en cuivre.

1097 (II, »). VOLINSKI, *à Limoges.*

Blé noir en farine.

1098 (X, 1) GUIRAUT, *quai de Bacalan*, 38, *à Bordeaux.*

Cendres gravelées.

1099 (**XXV**, 6 et 13). J. AMMANN, *rue du Temple*, 159, *à Paris*.
Articles de voyage.

1100 (**XII**, ») J. GOMBAUD, *à Mérignac, près Bordeaux*.
Lait iodé par assimilation préalable (système du docteur Labourdette).

1101 (**X**, 4) VILLALARD et fils frères, *rue Porte-Dijeaux*, 49, *à Bordeaux*.
Cuirs.

1102 (**XVI**, 4). J. LANNES, *rue Lagrange*, 114, *à Bordeaux*.
Grille en fer et autres articles de serrurerie.

1103 (**XVIII**, 4. P. FARGE fils, *rue Porte-Panet*, 8, *à Limoges*.
Potiches, jardinières, services de table en porcelaine décorée.

1104 (**VI**, »), P. BASCOU, *rue du Jardin-Public*, 184, *à Bordeaux*.
Appareil pour vidanges inodores

1105 (**XI**, 5). Vᵉ MANDARD (gérante de la maison Dematha), *rue du Loup*, 5, *à Bordeaux*.
Café torréfié et moulu par un nouveau procédé.

1106 (**III**, 3). CHABOT DE LUSSAY, *château de Meric, à Jau (Gironde)*.
Laines en suint.

1107 (**XX**, 4). A. ROBIN, *à Dijon*.
Laines filées, cardées.

1108 (**XXIV** 4). C. LAMARQUE fils, *rue Capdeville* 16, *à Bordeaux*.
Lions sculptés en pierre bâtarde de Périgueux.

1109 (**V**, 2). A. CAPGRAS, *r. du Palais-Galien*, 30, *à Bordeaux*.
Lanternes de voitures.

1110 (**XI**, 7). LABAT jeune, *à Caudéran, près Bordeaux*.
Bouchage métallique.

1111 (V, 4). G. CASSANG, à *Vergt-Biron* (*Dordogne*).

Frein pour arrêter les convois sur les chemins de fer.

1112 (VI, »). E.-F. BIERS, à *Villeneuve-sur-Lot* (*Lot-et-Gar.*).

Carreaux, ou solles de four, pour boulangerie.

1113 (XI, 2). J. BOIREAU fils frères, propriétaires, à *Barsac* (*Gironde*).

Barriques vides. — Vin blanc.

1114 (III, 3). J. LIGNAN, *rue Malbec*, 49, à *Bordeaux*.

Ail monstre.

1115 (XXV, 5). BECQUET frères et FAVEREAU, à *La Réole* (*Gironde*.

Chapeaux de paille cousue.

1116 (XVI, 2). V. MARTINET jeune, *rue Saint-Claude*, 132, à *Bordeaux*.

Boulons et écrous.

1117 (IV, »). FOURNIER frères, à *Soucelles* (*Maine-et-Loire*)

Tube concentrique pour élever l'eau.

1118 (XI, 7). A. ROUGET DE LISLE, *rue de Tracy*, 7, à *Paris*.

Vases et bouteilles, systèmes de bouchage pour la con servation des aliments et boissons.

1119 (XI, 2). J. LAUSSEURE et Cⁱᵉ, à *Nuits* (*Côte-d'Or*).

Vins mousseux.

1120 (XVI, 3). J. FERMIS jeune, à *Pian-sur-Garonne*.

Cercles en bois.

1121 (XX, 4). FORT jeune, à *Toulouse* (*Haute-Garonne*).

Cotons filés à tisser. — Tissus circulaires.

1122 (XIV, 4). POCHET frères, *place des Capucins*, 40, *usine à Pessac*.

Briques réfractaires.

1123 (XIV, 4). DOT fils aîné, *au Mas d'Agenais* (*Lot-et-Gar.*).

Briques, tuiles et carreaux.

1124 (XI, 5). O. PERSAC et Cᵉ, r. Saint-Léonard, 19, à Nantes.

Café torréflé.

1125 (XVII, »). P. AVINEIN, pl. du Marché-Neuf. 32, à Bordeaux.

Lanterne de procession en cuivre doré, à l'huile.

1126 (XVI, »). L. VINCENT. cours Tourny, 63, à Bordeaux.

Sommiers et lits en fer.

1127 (XXV, 11). J. ROUGIÉ, fossés de l'Intendance, 29, a Bordeaux.

Parapluies, ombrelles et cannes.

1128 (XII, »). ROYER, pharmacien, rue Saint-Martin. 325. à Paris.

Papier électro-magnétique.

1129 (XXIV, 3). A. ROUSSEAU. route de Bayonne, 38, à Bordeaux.

Bas-relief en bois de noyer.

1130 (III, 3). A.-M. DAUBLAINE, à Angoulême (Charente).

Tourbes préparées.

1131 (XIV, »). L. CHOUET, rue Croix des Petits-Champs. 35, à Paris.

Appareils inodores, mobiles et immobiles.

1132 (III, 5). H. BRESSON, à Bruges, près Bordeaux.

Écheveaux de soie.

1133 (XXIV, 2). B GAUBERT, à La Réole (Gironde).

Billard.

1134 (XII, »). F.-G GENEVOIX, r. des Beaux-Arts. 14, à Paris.

Huile de marrons d'Inde.

1135 (XII, »). E. DANNECY, pharmacien, fossés de l'Intendance, 46, à Bordeaux.

Cuiller médicale.

1436 (XVI. *). A.-C. BERGMANN, *à Strasbourg*.

Couverts en métal ferré.

1437 (XVI, 2). SAINTE-MARIE frères, *impasse Saint-Paul, à Bordeaux*.

Tableau de limes.

1438 (XIV, 2). E. FAGET, *rue Dieu, 12, à Bordeaux*.

Boutons et poignées de portes.

1439 (VI, »). GAYRIN, *rue Villedieu, 49, à Bordeaux*.

Tamis.

1440 (III, 2). L. MAGOT, *à Castets-des-Landes*.

Régulateur du vent.

1441 (I et V, 2). CURÉ *à Maromme (Seine-Inférieure), à Farginies (Aisne), et à Bordeaux, place Saint-Projet, 3*.

Châssis à tabatière en fonte pour toitures.

1442 (VI, »). J. CHARLES aîné, *rue Sainte-Eugénie, 20, à Bordeaux*.

Système d'échaffaudage perfectionné.

1443 (IX, 2). HARDON et CHRÉTIEN fils, *rue de la Cerisaie, 44, à Paris*.

Lampes de divers modèles.

1444 (XXVII, 1). C. MONTAL, *boulevart Bonne-Nouvelle, 31, à Paris*.

Pianos.

1445 (XVI, 3). MAYNARD, SIMON et BOUDET, *rue Fondaudège, 7 et 8, à Bordeaux*.

Articles de ferblanterie.

1446 (I, »). ESPERON frères, LAGRÈSE et SEJAL, *à Ichoux et Pontens (Landes)*.

Fontes brutes et moulées. — Fers bruts et travaillés.

1447 (XIV, 1). M. LAPIERRE, *à Cestas (Gironde)*.

Terres et briques réfractaires.

1148 (XVI, 3). J. LANGUIN, *place des Cordeliers, 9, à Bordeaux.*

Barils.

1149 (XIV, 4). J. GARRIGUES, *a Aubas, commune de Pompogne (Lot-et-Garonne).*

Tuyaux de drainage et autres, tuiles, carreaux, etc.

1150 (XXVIII, »). SAINT - LANNE - PESSALIER, *a Mirande (Gers).*

Divers procédés de son invention.

1151 (XI, 3). U LAFON, *rue Monbazon, 5, à Bordeaux.*

Saucissons.

1152 (XXIV, 4). MINQUINI, *rue Rolland, 20, à Bordeaux.*

Statue en plâtre (modèle).

1153 (XIV, 4). Ch. BERGER, architecte, *rue Leberthon, 20, a Bordeaux.*

Auteur du plan des bâtiments de l'Exposition.

1154 (XXIV, 4). L. COEFFARD, sculpteur-statuaire, *rue de Nacarre, 44, à Bordeaux.*

Auteur du groupe qui couronne la façade des bâtiments de l'Exposition (la ville de Bordeaux distribuant des couronnes à l'Agriculture et à l'Industrie).

1155 (XIV, 4). E. GRANGE, plâtrier, *rue des Bahutiers, 27, à Bordeaux.*

Entrepreneur de la décoration en plâtre de la façade des bâtiments de l'Exposition.

1156 XIV, 2). A. BARBIER, entrepreneur charpentier, *rue du Fort-Lesparre, 2, à Bordeaux.*

Sous la direction duquel a été élevé le bâtiment principal de l'Exposition.

1157, XI, 2). VINS DE LA GIRONDE.

(Le détail en sera ultérieurement fourni).

www.ingramcontent.com/pod-product-compliance
Lightning Source LLC
LaVergne TN
LVHW012206170726
843503LV00005B/1902